BETO COLOMBO
FILÓSOFO CLÍNICO

Todo caminho é sagrado

Caro leitor,

Queremos saber sua opinião sobre nossos livros.

Após a leitura, curta-nos no **facebook/editoragentebr**,

siga-nos no **Twitter @EditoraGente**, no **Instagram @editoragente**

e visite-nos no site **www.editoragente.com.br**.

Cadastre-se e contribua com sugestões, críticas ou elogios.

Boa leitura!

BETO COLOMBO
FILÓSOFO CLÍNICO

Todo caminho é sagrado

DEIXE PARA
TRÁS O PESO
DESNECESSÁRIO
QUE VOCÊ CARREGA
EM SUA VIDA

Diretora
Rosely Boschini

Gerente Editorial
Carolina Rocha

Editora
Franciane Batagin Ribeiro

Assistente Editorial
Rafaella Carrilho

Produção Gráfica
Fábio Esteves

Preparação
Leonardo do Carmo

Capa
Sérgio Rossi

Projeto gráfico e diagramação
Joana Resek

Revisão
Abordagem Editorial e Laura Folgueira

Impressão
Edições Loyola

Copyright © 2021
by Beto Colombo

Todos os direitos desta edição são
reservados à Editora Gente.

Rua Original, 141/143 – Sumarezinho
São Paulo, SP– CEP 05435-050

Telefone: (11) 3670-2500

Site: **http://www.editoragente.com.br**

E-mail: **gente@editoragente.com.br**

Dados Internacionais de Catalogação na Publicação (CIP)
Angélica Ilacqua CRB-8/7057

Colombo, Beto
   Todo caminho é sagrado: deixe para trás o peso desnecessário que você carrega em sua vida /
Beto Colombo. – 1. ed. – São Paulo: Editora Gente, 2021.
   256 p.

ISBN 978-65-5544-087-4

1. Colombo, Beto, 1963- - Viagens - Espanha - Santiago de Compostela 2. Peregrinos e
peregrinações - Espanha 3. Santiago de Compostela (Espanha) - Descrições e viagens 4.
Autoconhecimento I. Título

21-0781   CDD 914.611

Índice para catálogo sistemático:
1. Viagens - Espanha - Santiago de Compostela

Nota da Publisher

Este livro não é só um relato de viagem. É uma história sobre uma experiência de vida. O filósofo clínico Beto Colombo fez pela oitava vez o Caminho de Santiago de Compostela e nos deu o prazer de compartilhar conosco essa jornada.

Empresário de sucesso, Beto é fundador de uma das maiores empresas de tintas do país, a Anjo Tintas. O empreendimento, iniciado em 1986, hoje é comandado por seu filho Filipe Colombo. Para além desse lado empreendedor, Beto é filósofo clínico, atuando como coordenador do curso de Filosofia Clínica e também dando aulas.

Instigado em encontrar-se com uma figura misteriosa que muitos alegam se deparar ao fazerem o Caminho de Santiago, Beto embarca nessa jornada pela oitava vez. Com toda sua bagagem filosófica, o autor nos mostrará, passo a passo, a importância do Caminho, trazendo reflexões profundas e necessárias.

Em Todo caminho é sagrado, Beto traz um insight inspirador: não é sobre chegar até o fim, é sobre o caminho. Por isso, aproveite esta leitura! Caminhe com Beto e descubra toda beleza da jornada. Boa leitura!

Rosely Boschini
CEO e Publisher da Editora Gente

Depoimentos

O Caminho de Santiago de Compostela, para mim, por ora, é uma trilha terapêutica em que o peregrino usa o fora como desculpa; na verdade, ele caminha para dentro. Percorrer este milenar caminho com foco no autoconhecimento equivale a dez anos de terapia. Em *Todo caminho é sagrado*, me senti transportado a ponto de reviver estes dez anos em cada página, sendo que os insights continuam reverberando dentro de mim.

Mhanoel Mendes, psicólogo, permacultor e peregrino

Somos todos um só, somos todos parentes. É assim que você se sente! Uma vez que percorre o caminho, você se transforma. É uma jornada sem volta. Foi assim para mim e minha companheira, Orietta. Nós abandonamos nossa antiga vida para viver no Caminho de Santiago de Compostela. *Todo caminho é sagrado* fala disso, de passar, de entrar em um portal e transcender para um novo eu, para uma nova vida.

Acacio da Paz, hospitaleiro, junto de sua companheira, Orietta, em Viloria de Rioja, no Caminho de Santiago, Espanha

Todo caminho é sagrado é uma combinação perfeita entre ficção e realidade, poesia e suspense, encontros e desencontros, matéria e espiritualidade. Cada página lida corresponde a um quilômetro percorrido ao lado de Beto Colombo e novas revelações do caminho. Não se apresse em chegar ao final para descobrir quem é o velho de capa preta e bolsa marrom. Assim como o caminho, a graça do livro está em, passo a passo, sentir e desfrutar cada palavra que se apresenta, para que, ao término, seja conquistada a paz que nos faz querer continuar no caminho sempre um pouco mais.

Dr. Ildo Meyer, médico, mágico e escritor

Há os que percorrem o Caminho de Santiago e os que o vivenciam. Ao lado de Beto Colombo, fui um desses poucos privilegiados que saboreou filosoficamente cada passo, cada morro, cada povoado. Hoje, minha jornada deixou de ser bitolada como um trilho, está mais leve, maleável como a trilha de Santiago de Compostela. Agora, em *Todo caminho é sagrado*, a trilha continua e eu sigo caminhando. A cada página, uma nova experiência; a cada capítulo, uma ressignificação.

Marcelo Gomes, presidente da Alvarez & Marsal

Tive a oportunidade de realizar o Caminho de Santiago, duas vezes, influenciado e privilegiado pela companhia de Beto Colombo. Em 2017, o Caminho do Páramo e, em 2018, o Caminho Francês. Digo e repito: foram três as grandes situações que impactaram minha vida positivamente. O nascimento dos meus filhos, ter a felicidade de cursar e exercer a medicina e, por último, ter percorrido o Caminho de Santiago de Compostela.

Em *Todo caminho é sagrado*, por meio de uma narrativa instigante e aveludada, Beto Colombo conseguiu, em cada frase, em cada parágrafo e capítulo, com a maestria que lhe é peculiar, me remeter às sensações de toda sorte, experimentadas em ambas as jornadas. O Caminho de Santiago de Compostela é transformador. É o paradoxo do sofrimento transformado em um bálsamo, que só é necessário experimentar sem a necessidade de tentar explicar.

Alvin Laemmel, **médico**

Quando iniciei o Caminho de Santiago, na Espanha, imaginava que seria mais uma experiência dentre as dezenas já vividas nestas cinco décadas de existência. Sempre tive uma vida agitada, e as viagens serviram como um alento momentâneo para voltar à vida "normal" de empresário antenado e que tinha certo orgulho de colecionar empresas. Mais que um alento, o caminho e o caminhar me fizeram pensar se a "vida normal" não merecia uma reflexão. Se eu não poderia buscar qualidade em coisas que estavam na minha frente e que passavam despercebidas, se eu não podia ouvir mais, sentir mais, entender mais. Assim, ao ler *Todo caminho é sagrado*, já no primeiro capítulo me senti contemplado quando o autor falou diretamente para mim: "Talvez [...] desapegar não signifique que você não deva possuir nada, mas que nada deve possuir você". Puxa, fez todo o sentido. Peregrinando, tive a experiência de todas as experiências de uma forma única, fazendo com que olhasse para dentro e me tornasse uma pessoa mais em paz comigo mesmo.

Paulo Della Volpe, **presidente da Payments Holding**

Em uma mensagem a artistas poloneses, em 1999, o papa João Paulo II disse que "no artífice reflete-se a sua imagem de Criador". Como um profissional de criação, sei que o meu talento nada mais é que um dom de Deus. Isso me trouxe uma sensação de profunda gratidão e, ao mesmo tempo, de comprometimento com o outro, uma vez que não poderia desperdiçar um presente tão especial. A leitura deste livro nos proporciona *insights* como este: somos o instrumento de propósitos mais elevados. Não ganhamos os dons para uma simples satisfação pessoal, mas nosso talento nos é dado para servir ao próximo e à comunidade em que vivemos. Um grande talento é uma grande responsabilidade. Beto Colombo, com sua escrita e seu trabalho como filósofo clínico, tem ajudado muitas pessoas a se desenvolver e a evoluir em todos os sentidos. Quando somos fiéis ao belo e ao bem, nos sentimos mais próximos de Deus e, assim, inspiramos outras pessoas.

Eduardo Amarante, **estilista**

*Na minha metamorfose
de empresário para filósofo clínico,
um incansável mestre
me orientava na travessia.
Minha eterna gratidão
ao prof. Lúcio Packter.*

Ao querido amigo Mhanoel Mendes, que, no verão de 2006, ao meu lado, iniciava o Caminho como peregrino. Depois de trinta dias, já em Santiago de Compostela, nos abraçamos como irmãos e seguimos abraçados até hoje. Estamos juntos, peregrino, parceiro, irmão!

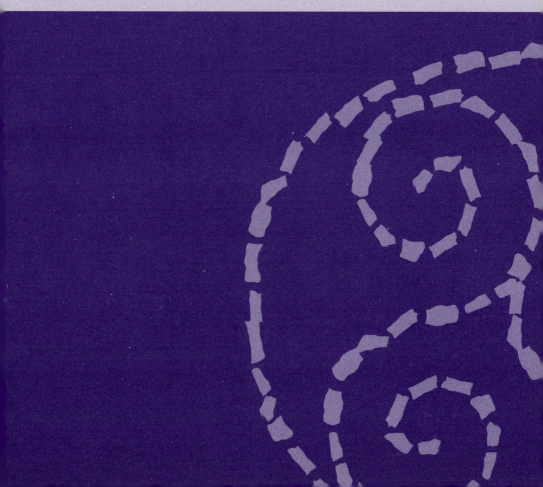

Apresentação

Querido leitor, querida leitora,

Todo caminho é sagrado nos remete a uma reflexão filosófica. Na sua origem, a filosofia se propunha a ser um modelo prático para a vida. Porém, ao longo do tempo, foi se distanciando das ciências naturais para se tornar cada vez mais um exercício intelectual por excelência. Muito embora, nos tempos atuais, a humanidade pareça ansiar por um "manual de sobrevivência", não quero neste livro dizer ao leitor como deve ser a sua vida ou o que cada um deve fazer para encontrar a felicidade ou a paz interior. O resultado que conseguirmos alcançar algumas vezes será consequência de uma busca pessoal, intensa, real e geralmente transformadora. O que posso almejar é que cada um, a seu modo, com a sua singularidade, descubra nesta história, se assim desejar, a importância de buscarmos lá no fundo quem realmente somos.

Da mesma forma como alguns dos personagens desta história, na minha primeira vez no caminho, também fui em busca de um propósito maior, de uma resposta, de um alívio existencial. E isso só foi possível porque, logo no início do caminho, consegui conectar meu sensorial com o abstrato e, durante a jornada, minha mente e meu coração foram se aquietando, e, por consequência, as respostas foram aparecendo.

Neste oitavo caminho, falo dessa busca pelo sagrado, pela reconexão com o universo, com esse sistema único e complexo que nos une como um organismo vivo e, talvez, autorregulável. Este livro traz o que aprendi de essencial ao longo da vida como filósofo clínico e especialmente como peregrino. Na minha jornada pelos campos, trilhas, aldeias e cidades ao longo do milenar Caminho de Santiago de Compostela e nos encontros com os personagens e suas inquietações e angústias, o leitor vai perceber que é possível viver sob um outro olhar, baseado em um conceito muito simples de religação, de reconciliação do ser humano consigo mesmo, com o outro, com a natureza e sua dimensão mística – sem dúvida, uma mudança que pressupõe de nossa parte implicações profundas e urgentes, considerando o que estamos presenciando hoje em relação aos cuidados com o nosso planeta e com o sagrado que habita em cada um de nós, filhos da terra.

Tudo é caminho! Caminhar é animar – dar vida, dar alma ao corpo. Não importa se na cidade ou no campo, na beira da praia ou à margem de uma estrada. Todo caminho é sagrado. Para mim, o essencial é o encontro do que está fora com o que está dentro de cada um de nós. Ânimo! Bom caminho!

Beto Colombo

Sumário

16 Prefácio

31 Capítulo I: Mochila pesada

51 Capítulo II: De volta para casa

73 Capítulo III: As três Marías

89 Capítulo IV: As duas amigas

115 Capítulo V: Cada um faz seu caminho

135 Capítulo VI: Um caminho ressignificado

157 Capítulo VII: Aceitação e entrega

181 Capítulo VIII: Méritos

195 Capítulo IX: O silêncio que fala alto

211 Capítulo X: Centopeia peregrina

231 Capítulo XI: Quem sou eu?

241 Capítulo XII: A chegada

"Caminhante, não há caminho.
O caminho se faz ao andar."[1]
(Antônio Machado)

Prefácio

Este texto nasce do coração e da experiência de alguém que colocou em conversação suas sensibilidades de peregrino, de pai, de avô e de filósofo clínico. O texto é uma partilha de alma. Percorrer suas páginas é ter acesso ao universo de Beto Colombo, alguém que acessa o mundo com os cinco sentidos. Tiramos as sandálias para percorrer esse solo sagrado de sua experiência que coloca uma sutil interface entre os dilemas, paradoxos e contradições da nossa época e as possíveis janelas de transcendência, que escapam aos nossos raciocínios. A obra *Todo caminho é sagrado* é a reflexão sobre uma via alternativa para um tipo alienante de existência.

Em uma outra obra, *Compostela: muito além do Caminho de Santiago,*[2] Colombo, com a parceria de Mhanoel Mendes,

---

1 MACHADO, A. Proverbios y cantares. *In*: MACHADO, A. **Poesías**. [s.l.]: eBooket [s.d.]. p. 31. Disponível em: http://www.dominiopublico.gov.br/download/texto/bk000406.pdf. Acesso em: 1 dez. 2020.

2 COLOMBO, B.; MENDES, M. **Compostela**: muito além do Caminho de Santiago. Florianópolis: Dois por Quatro, 2008.

havia nos emprestado seus olhos através dos registros que foram feitos, reunindo fotografias e histórias do Caminho de Santiago. Na presente leitura, uma metáfora nos é presenteada. Com maestria, Beto fez a simbiose entre a ficção e a vida. Nela, somos provocados a rever nossa própria jornada, o que realmente é o essencial da existência singular de cada um e reconhecer possíveis equívocos e alienações. Ou seja, esta leitura tem potência de medicina para a alma. Ela pode conter curas para nossas inautenticidades.

Beto Colombo deixa claro que há um ponto de interseção entre todos nós: estamos no mesmo caminho. Em um momento, encontramos o canto dos pássaros, o sol, o frio, a coruja, o fotógrafo, outros peregrinos. Noutro, a saudade, o cansaço, a dor nos pés e a vontade de desistir. Tudo pode ser caminho, e nossos olhos são chamados a perceber com as lentes do coração.

Beto prefere peregrinar no início da primavera – a vida tem várias estações. Antes de acompanhá-lo, dois avisos faço ao querido leitor, à querida leitora. O primeiro é que, muitas vezes, precisamos caminhar para lugares aos quais a razão não tem acesso. O segundo é uma pergunta: "Quanto pesa sua mochila, hein?".

Todo caminho é sagrado, elaborado na alma atenta à vida de Colombo, revela sua capacidade de construtor de histórias e mundos. Em minha leitura pessoal, fui provocado a (re) pensar a questão teológica do *oitavo dia*. Segundo o livro dos primórdios nas Sagradas Escrituras, Deus criou o mundo em seis dias e descansou no sétimo. Os apóstolos e, dentre eles, o próprio são Tiago já percebiam em sua teologia que a ressurreição de Jesus se dava no dia depois do sábado: o oitavo dia. Ou seja, a criação desconfigurada pelo pecado humano começa a ser refeita na ressurreição do Filho de Deus, convocada a uma recriação, a uma renovação que corresponde à reconfiguração de todas as coisas em Cristo. Assim, um novo caminho foi inaugurado de modo transversal na história humana. Esta teologia primitiva, em diálogo com a narrativa de *Todo caminho é sagrado*, torna-se um símbolo do infinito e um convite a uma renovação existencial para cada leitor e leitora. Sempre podem chegar novas oportunidades de renascimentos.

O atual contexto de pandemia trouxe gigantescos desafios globais de diferentes ordens, mas também a oportunidade de repensarmos nosso caminho como humanidade. Muitos passaram a revisar suas trajetórias. Alguns pararam e ainda estão discernindo como continuar a jornada. Outros decidiram recomeçar. E há quem tenha desistido. Em tempos tão complexos, Beto Colombo nos presenteia com essa história cheia de lições de vida.

Não apenas em Santiago, mas, principalmente, em nossa cotidianidade, podemos encontrar muitos portais. A bússola que Beto vai seguindo em sua jornada é a intuição. Ele se deixa fisgar pela distração que a intuição provoca em seu jeito teimosamente racional de ser. E é esse o seu principal testemunho: nem sempre acessamos o essencial da vida pelo raciocínio. "Não consigo pensar em mais nada", diz ele em algum momento da leitura, "[...] algo me incita a seguir o enigmático peregrino...". Às vezes só temos que prosseguir. O caminho nos ensina que nem tudo é construído pela via da lógica e da matemática. Há uma terceira via: a da transcendência.

COM MAESTRIA, BETO FEZ A SIMBIOSE ENTRE A FICÇÃO E A VIDA. NELA, SOMOS PROVOCADOS A REVER NOSSA PRÓPRIA JORNADA.

Todo caminho é sagrado
@ofilosofoperegrino

Moisés liderava o povo hebreu através do caminho impossível feito pelo mar e, depois, pelo improvável caminho feito pelo deserto. Em certo momento de cansaço e frustração vivido pelo povo, Moisés levou a Deus o descontentamento e a murmuração daqueles peregrinos. Eles esperavam uma orientação prática do profeta. O que ele ouviu de Deus como direção para aquele momento de crise pode ser bastante atual na nossa jornada: "Dize aos filhos de Israel que marchem" (Êxodo 14, 15).

O caminho, no entanto, não é uma estrada reta. Ele tem curvas e bifurcações. Não há predestinação. As bifurcações servem para nos recordar de que sempre existe a possibilidade de escolher e exercitar a axiologia, vivenciando a liberdade como potência de vida. Assim, podemos crescer com os erros e acertos.

Uma das lições que encontramos em *Todo caminho é sagrado* é o singelo convite ao desapego. O desprendimento é atitude de quem confia. Caminhar sem saber o que comer, onde pernoitar, o que poderá ocorrer nos lembra o poeta do Evangelho que dizia: "Olhai para os lírios do campo, como eles crescem [...] Olhai para as aves do céu [...] Não vos inquieteis, pois, pelo dia de amanhã, porque o dia de amanhã cuidará de si mesmo. Basta a cada dia o seu mal" (Mateus 6, 25-34). É como se Jesus dissesse: basta continuar a caminhar! O segredo é confiar no Pai. Noutro momento, ele se apropria da palavra-título desta obra e diz aos apóstolos: "Eu sou o caminho" (João 14, 6).

O caminho é diferente para cada um, pois cada um é um infinito particular e singular. Quem tem fé percebe uma "força estranha", como diria Caetano Veloso. Um mistério que sustenta a margaridinha no jardim, o beija-flor nos ares, as estrelas na noite escura e o filho amado que peregrina pelas estações da vida. Para alguns, o caminho é uma energia; para outros, é mistério. O caminho não quer ser definido, mas vivenciado.

O leitor encontrará nestas páginas uma cativante história. Para muitos, este livro poderá vir a ser um espelho de suas buscas. Para outros, o desfazimento de metas ou a reconfiguração delas. Uma hora fazemos o caminho, noutra hora é o caminho que nos faz. Cada um tem uma cadência, um ritmo. Cada um tem seu jeito de caminhar. "Tudo é caminho", diz-nos Beto Colombo. Este livro é uma metáfora que ilumina nossa própria jornada. Qual a sua meta? Qual o seu caminho? Com quem você decidiu ir? Quando Beto nos diz que tudo é caminho, compreendo, como o filósofo Heráclito, que na vida tudo flui, tudo é processo. Só há uma coisa permanente: tudo muda.

Nem todos elaboram uma busca ou roteirizam a jornada. Cada um tem seu jeito. Uns vão sozinhos. Outros elegem companheiros. Outros, ainda, veem companhia em tudo: no rio, na coruja, no sol, nos pintassilgos e até nos pernilongos. Não há solidão para eles. Alguns caminham pelo afeto, outros pelo aprendizado, outros por suas buscas e outros para discernir e decidir. E ainda encontramos aqueles que desnecessitam de explicações para caminhar – simplesmente vão. Cada um, em sua singularidade, tem seu jeito de caminhar. Tudo é caminho. Tudo é vida.

Às vezes, é preciso seguir roteiros e bússolas. Em outros momentos, é necessário abandonar as bússolas e os cálculos e se deixar guiar pela intuição. Em nossa jornada, há momentos em que precisamos dizer como o nosso personagem peregrino, ao chegar em Rioja: "Deixo o acaso me levar".

Ao longo desta cativante história, Beto nos apresenta sua experiência. *Todo caminho é sagrado* traz conselhos e dicas práticas para quem foi despertado na alma e convidado pelo Caminho a peregrinar. Quem tem a janela do submodo percepcionar[3] vai peregrinar pelo Caminho de Santiago, sentir o chão, os cheiros, ouvir os pássaros, o aroma do café nos albergues, o brilho das estrelas, vai poder sentir o frio da noite e contemplar as flores da primavera ao longo do percurso. E, talvez o mais bonito, vai poder se conectar e fazer muitos amigos peregrinos ao longo das páginas.

Para alguns, a peregrinação não faz sentido. Há pessoas que vivem tão focadas nos problemas que não veem as soluções. Seus olhos estão centrados no pequeno ponto riscado no papel e não são capazes de ver a totalidade presente no próprio papel. Decidiram não perceber. Alguns amaldiçoam a jornada e contemplam a vida pelas perspectivas do absurdo e da ilusão. Alguns peregrinos interrompem o Caminho. Isso não passa despercebido por Beto Colombo. Outras pessoas, no entanto, descobrem que, na verdade, a folha não é apenas o ponto preto no papel, é também – e principalmente – todo o branco restante. A vida poderá ser percebida de modo diferente a partir de então. Às vezes, a questão não é resolver o problema, mas o dissolver na universalidade da vida. E, como aprendemos nessa jornada narrada por Beto, às vezes é preciso continuar a caminhada sem caminhar. Há muitas maneiras de caminhar...

O Caminho é marcado por algo que, na teologia, chamam de "Graça": o que acontece tem a característica de ser imerecido,

---

3   Os submodos são um dos eixos centrais da Filosofia Clínica. Correspondem, de maneira geral, a como o indivíduo age e podem ser classificados em 32 tipos, dentre os quais, o percepcionar. (N.E.)

espontâneo e inesperado. "Para conseguir ver, atente aos méritos", narra Beto, através de um dos personagens. Provavelmente, o mérito está em reconhecer que não há mérito. Há aqui um insistente convite à sabedoria do desapego. O Caminho nos leva a refletir sobre a ficção que temos sobre o controle, a centralidade do Eu, e nos convida à pluralidade com os outros e com o cosmo. Há mais mistérios que respostas no universo, e nós caminhamos mergulhados em uma multiplicidade de perguntas e respostas diferentes. Muitos de nós somos surpreendidos por elementos transversais que mudam o fluxo de nossas percepções, valores e até as metas e roteiros da jornada. Uns se encontram com James, outros com Jacob, outro com Jacques, outros com Santiago... Muitos rostos podem ser epifania do Caminho. Cada rosto tem sua história. Alguns rostos são amorosos, outros nem tanto, mas há sempre uma beleza escondida que pode ser descoberta. Beto é um descobridor de tesouros escondidos nessa jornada. Esses elementos de transversalidade chegam como a Graça: espontânea, imerecida e inesperadamente. Devemos apenas estar atentos aos sinais. Há bilhões de sinais no Universo.

Às vezes, tudo que precisamos é escutar a "alma" do mundo. Em detalhes, com a elegância de um delicado artista, o Caminho conversa com os peregrinos. "Se a gente se abre para o caminho, o Caminho se abre pra gente." Não há coincidências, é o que nos ensina o peregrino Beto. Para quem adentrou o mistério do caminho pela via do coração, tudo está conectado por uma sincronicidade amorosa e cuidadosa.

O Caminho é marcado pelos portais e seus mistérios inexplicáveis, como também nossa jornada pessoal e coletiva é plena de eventos transversais que abrem passagens

O CAMINHO É MARCADO PELOS PORTAIS E SEUS MISTÉRIOS INEXPLICÁVEIS, COMO TAMBÉM NOSSA JORNADA PESSOAL E COLETIVA É PLENA DE EVENTOS TRANSVERSAIS QUE ABREM PASSAGENS CONDUZINDO-NOS DE UM ESTADO EXISTENCIAL A OUTRO.

Todo caminho é sagrado
@ofilosofoperegrino

conduzindo-nos de um estado existencial a outro. Mistérios... Muitas vezes, precisamos de silêncio para ouvir. Há barulho demais dentro e fora de nossas mentes. Como escutar a melodia única que o Caminho sussurra para cada um sem ouvir? Há uma melodia que só percebe a alma atenta, que sabe prestar atenção aos detalhes da jornada.

Alguns peregrinos preferem caminhar centrados no esforço. Outros seguem os sinais inesperados e se lançam na direção da correnteza, pegando carona nos fluxos repentinos do seu itinerário. Beto testemunha com sua experiência: o Caminho não desampara ninguém, ele não deixa ninguém órfão e descuidado.

O Caminho pode nos reconectar com os detalhes perdidos da nossa infinitude que se encontram adormecidos, esquecidos ou até falidos. Também pode nos reconectar com outras pessoas e – por que não? – com o mistério de Deus e de outras formas inomináveis de transcendência. Será que o que você busca do lado de fora não está dentro de si? Será que você já não encontrou a resposta que procura? Que tal fazer um movimento inverso e olhar profundamente para dentro de si? E, assim, cada um faz seu caminho. O que para alguns pode ser recuo, na verdade, é força. O que para outros é fraqueza e queda pode ser trampolim para algo novo. Como saber? A bússola desse caminho é unicamente o desprendimento e a confiança. E só saberemos no processo de caminhar.

Em um tipo de sociedade que se construiu a partir do geocentrismo do *Eu* e do *Si Mesmo*, a via urgente que precisamos percorrer é a da alteridade. A peregrinação da vida sendo construída na direção do outro, como o bom samaritano que, ao longo do seu caminho, percebe o outro em sua dor, enche-se de compaixão e se aproxima do desconhecido ferido. Algumas paradas, que parecem interrupções, podem ser oportunidades de fazer o bem a alguém. Na história que Beto Colombo nos conta, também aprendemos lições de fraternidade, de hospitalidade e de amizade. O Caminho tem a capacidade de criar uma amistosa irmandade, mesmo entre desconhecidos. Estamos, de algum modo, conectados – uns aos outros e ao universo. Penso que seja assim que o Caminho nos humaniza e se torna grande em nós. É nesse sentido que o peregrino se torna, ele mesmo, um caminho.

Nem todos estamos no mesmo ponto do caminho. Mas uma coisa é muito clara nesse aprendizado: "Há um ponto de interseção entre todos nós: estamos no mesmo caminho". Um caminho chamado vida. Alguns estão na primavera da jornada, outros no seu inverno. Alguns se encontram no verão da existência, outros no seu outono, e ainda há aqueles que não sabem definir em que estação da vida estão. Fomos educados em uma cultura que engendrou em nós a crença em uma ficção: a de que podemos ter o controle e sempre obter bons resultados. Insisto: estas páginas trazem o suave convite para compreendermos que, em um momento estamos na condução, mas, em outros, precisamos apenas nos deixar ser conduzidos. Nem sempre as respostas chegarão no nosso tempo. Elas podem demorar dias, meses, anos e, às vezes, nunca vir – ao menos não do jeito que esperamos. Provavelmente, a serenidade consiste na disposição de acolher o que está por vir, em permitir que o caminho tenha a palavra final. Quando aceitarmos essa condição, possivelmente teremos compreendido o sentido espiritual da paz interior.

Ao percorrerem nestas páginas a peregrinação de Beto Colombo, alguns tomarão seus olhos emprestados e se transportarão para o Caminho de Santiago. Alguns poderão até sentir na alma o misterioso convite do Caminho e se lançar nessa empreitada. Arrisco dizer que muitos percorrerão a jornada de Beto, mas já não será mais a dele. Como por um espelho, muitos verão nestas páginas sua própria jornada e serão convidados a repensar o que realmente é essencial.

Que pesos desnecessários estamos carregando? De que pesos precisamos nos desprender? Quem nos promove na caminhada? Quem ou o que nos tem atrasado? O que nos desvia do Caminho? A história do peregrino tem um poder especial de ser, para cada leitor, uma resposta diferente, uma correspondência a uma necessidade singular. Nessa trajetória, somos impelidos a soltar os freios e migrar da racionalidade para a gratidão. Tudo é caminho. Tudo é presente. Tudo é graça.

Durante a leitura, uma linda canção da nossa música brasileira veio em minha memória:

Ando devagar porque já tive pressa
E levo esse sorriso
Porque já chorei demais
[...]
Penso que cumprir a vida
Seja simplesmente
Compreender a marcha
E ir tocando em frente
[...][4]

---

4   TOCANDO em frente. Intérprete: Maria Bethânia. Compositores: Almir Sater e Renato Teixeira. In: 25 ANOS. Rio de Janeiro: Polygram, 1.

Não posso terminar estas linhas sem dizer duas palavras. A primeira delas é fundamental para nós, que peregrinamos em um tipo de mundo: esperança! A esperança é a alma do peregrino, a força dos seus passos. Desejo que este livro possa encher de esperança e de renovações o caminho pessoal de cada leitor e leitora.

A segunda palavra é gratidão. Obrigado, Beto, por partilhar muito de seu mundo e de sua jornada conosco nesta rica metáfora! Especialmente neste tempo em que muitos perderam o encanto e o entusiasmo, você traz uma reflexão sobre a nossa alma e a alma do mundo. Animar é pôr alma. Estas linhas podem nos animar, nos devolver a vida e o entusiasmo. Obrigado por nos fazer ver a vida do avesso, pelo lado do que é essencial, e encontrar as belezas escondidas do Caminho. Como diz, repetidamente, nosso peregrino: tudo é caminho. Caminhemos!

¡Buen camino, peregrino!

Cadu Nascimento
filósofo clínico

MEU MAIOR DESAPEGO FOI DEIXAR NO CAMINHO DE SANTIAGO DE COMPOSTELA CARGOS E TÍTULOS COLECIONADOS AO LONGO DOS ANOS.

Mochila pesada

Saint-Jean-Pied-de-Port. Ou simplesmente Saint-Jean, como é chamada carinhosamente pelos peregrinos, é uma simpática aldeia localizada no sudoeste da França e o ponto de partida preferido de quem faz o Caminho de Santiago de Compostela. No passado, pertencia ao reino de Navarra; hoje, faz divisa com a Espanha e é quase toda feita de pedras, com muitas flores nos canteiros, pontes seculares e ruas apertadas.

Foi uma viagem longa. Quase doze horas de voo noturno até Madri, mais três horas de trem até Pamplona e duas horas de carro até chegar aqui. Tentando relaxar meu corpo atrofiado pela viagem, caminho alguns metros pela rua d'Espanha e ouço o som peculiar de uma queda d'água nas proximidades. O parapeito sobre a pequena ponte coberta de flores vermelhas e amarelas que caem sobre as águas do rio Nive é um convite a me debruçar. À minha direita, a famosa porta de Notre-Dame – que mais parece um portal para o passado medieval – completa a paisagem. É cedo. O relógio nem alcançou 7 horas da manhã, as nuvens baixas deixam o ambiente mais místico e o vento fresco é um alento neste domingo, início de julho.

Costumo peregrinar na primavera, quando o clima é mais ameno e os campos e jardins estão explodindo em cores e perfumes adocicados. Desta vez, entretanto, algo inexplicável me atraiu para esta época do ano, em um período excepcionalmente mais frio e chuvoso do que o normal para um mês de verão. Aprendi a ouvir e aceitar os chamados do Caminho. Ainda não sei o quê, nem o porquê, mas algo transcendental está reservado para essa jornada.

Partir de Saint-Jean é algo especial. Os peregrinos saem em direção à casa do santo, na província de La Coruña, na Galícia, mais de 800 quilômetros adiante, alguns com seus objetivos e propósitos, outros apenas se deixando levar. Seja por esporte, por saúde, espiritualidade ou até por turismo, há um ponto de interseção entre todos nós: estamos no mesmo caminho.

É daqui que pretendo dar os primeiros passos rumo a mais uma jornada existencial – é o meu oitavo caminho. Lembro da euforia de quando parti pela primeira vez aqui desta histórica e aconchegante aldeia.

Agora, diante de tanto alvoroço, com os peregrinos se encostando nas estreitas ruas, abro-me aos incontáveis "¡buen camino!" e até a alguns "bonne façon!".

Ando absorto por aquelas ruelas quando avisto um homem descendo as escadas do Hostel Central. Não consigo tirar os olhos daquele senhor, principalmente depois de ver a bandeira do Brasil costurada na parte de trás da mochila azul-escuro, com detalhes em vermelho e dezenas de fitas do Nosso Senhor do Bonfim amarradas a ela.

O ar fresco matinal é uma lembrança do inverno que passou e me faz andar um pouco arcado, como se tentasse me proteger. O canto dos pássaros me conecta com a jornada que está prestes a começar. Não consigo pensar em mais nada. Desde a primeira vez que estive aqui, algo chama minha atenção e me sinto até meio obsessivo.

Minha intuição me faz fixar naquele jovem senhor que vai logo ali na frente. Chego mais perto e leio, logo abaixo da bandeira brasileira, "Francisco, O-". O que ele segura chama ainda mais a minha atenção: na mão direita, um cajado diferente, desses feitos de árvores nativas finas e grandes, e, na outra, uma bolsa marrom com uma grande alça, provavelmente para levar no pescoço. Pendurados, um em cada lado da mochila, dois cajados de alumínio, desses usados para fazer marcha nórdica. Ele caminha desgovernado, com passos indecisos e a cabeça como um pêndulo, como se procurasse algo ou alguém. O que será que esse peregrino está buscando?

Observo o portal de saída de onde muitos dos peregrinos partem e resolvo parar e apreciar a cena única da partida dos caminhantes. Observo duas mulheres, uma ao lado da outra, com mochilas e chapéus idênticos, como um uniforme. Elas fazem o sinal da cruz. Vejo também um jovem forte, alto, de óculos escuros e levando uma mochila com peso visivelmente acima do indicado. Ele bate a cabeça levemente por três vezes nas pedras do portal e segue o caminho. À minha esquerda, um jovem casal, com mochilas azuis, divide os pertences do filho, que acompanha os pais de bicicleta. Vejo ainda um casal de namorados se abraçar e iniciar a jornada de mãos dadas. É muito bom ficar aqui observando, mas algo me incita a seguir o enigmático peregrino brasileiro.

Logo à frente, ele ajoelha-se por alguns segundos e, ao fim do seu ritual, encosta a testa nas pedras da estrada, onde está fixada uma seta de bronze que indica a direção da trilha do Caminho de Santiago de Compostela. Aproveito essa oportunidade para me aproximar.

"Posso ajudar?", pergunto em português ao mesmo tempo que estendo a mão direita.

"Pode, sim", responde, com um grande sorriso.

"Percebi que você desceu do hostel como se estivesse procurando algo ou alguém."

"Percebeste certo, amigo. Francisco. Muito prazer!", cumprimenta-me, olhando nos meus olhos. E acrescenta: "Procuro um peregrino que saiu mais cedo do refúgio sem se despedir".

"Podes descrever as características físicas dele? De repente, posso ajudá-lo", falo, mais por curiosidade do que por interesse em ajudar, admito.

"É um senhor de mais ou menos 60 anos, barba e cabelos grisalhos e longos, olhos castanhos e sóbrios. Veste uma bata marrom que vai até o calcanhar, uma capa preta, chapéu de palha, cajado na mão e uma bolsa marrom, assim, transversal."

"O cajado é daqueles extraídos de uma árvore fina e reta muito comum nesta região e a bolsa é do tipo a tiracolo?", pergunto.

"Sim. Como você sabe? Você o viu?" Sinto o ânimo tomar conta dos seus olhos.

"Não, amigo, não o vi. Imagino que sejam estes que estão nas suas mãos..."

Tão logo acabo de falar, o peregrino brasileiro percebe que fala de algo que está segurando. Demos uma gargalhada e, meio desconcertado, Francisco vira-se para a frente, dá as costas para mim e, fazendo um gesto com as mãos, agradece e segue caminhando.

Sinto algo especial naquele momento. Desconfio firmemente que meu propósito de fazer pela oitava vez o Caminho de Santiago passa por este peregrino que está bem ali na minha frente. Seguindo minha intuição, apresso o passo até me aproximar novamente dele.

O sino da catedral soa sete badaladas. São 7 horas. Percorro as ruelas de Saint-Jean absorto, fixo em Francisco, ao meu lado, e sem perceber nada ao meu redor. Ainda não sei ao certo onde vou pernoitar essa noite. Posso ir até o refúgio Orisson, a 8 quilômetros de Saint-Jean, na subida dos montes Pirineus, ou seguir até Roncesvalles, quase 30 quilômetros à frente. Como já não é a primeira vez que faço esta aventura, decido sentir os sinais, curtir o momento e realmente me deixar levar pela intuição. Acredito que ela pode me levar a encontrar aquele que, para muitos, é apenas uma lenda.

Francisco me conta que tem 52 anos, vai completar 53 no dia 25 de julho, dia de Santiago. Em uma conversa que flui fácil, conta que é

SINTO ALGO ESPECIAL NAQUELE MOMENTO. DESCONFIO FIRMEMENTE QUE MEU PROPÓSITO DE FAZER PELA OITAVA VEZ O CAMINHO DE SANTIAGO PASSA POR ESTE PEREGRINO QUE ESTÁ BEM ALI NA MINHA FRENTE.

Todo caminho é sagrado
@ofilosofoperegrino

empresário do ramo da construção civil em Orleans, no Sul do Brasil. Fala da sua família: "Sou casado, tenho três filhos, o primeiro e o último, meninos – Pedro e Paulo –, e a do meio, menina, a Marta". Conta ainda que, depois de muitas incursões menores pelo Brasil, aquela é a sua primeira grande caminhada: "Nos últimos quatro meses, me preparei muito. Quatro meses antes de iniciar o caminho, comecei a fazer pequenas caminhadas durante a semana e médias aos fins de semana. Depois aumentei gradualmente e, no último mês, já caminhava cerca de três horas por dia durante a semana e umas dez horas aos fins de semana com uma mochila de quase sete quilos". Mais precisamente: "Seis quilos e 750 gramas. O ideal para mim, que tenho 71 quilos, não é mesmo?".

Sigo minha jornada ao lado desse senhor, que agora me parece muito familiar. Ainda não tenho explicação lógica e razoável para isso, mas sinto que em breve terei. Iniciamos juntos a subida dos montes Pirineus, serpenteando as trilhas, fazendo curvas, passando por caminhos de muitas pegadas e, com certeza, alcançada por milhares, talvez milhões de pessoas. Após meia hora, sentamo-nos frente à frente sobre duas rochas que nos aguardavam há anos à beira do caminho.

"Sinto um pouco de preocupação da sua parte, ou seria imaginação minha?", arrisco uma pergunta íntima para um recém-conhecido. Mas foi a partir da resposta dele que percebi que o meu propósito começava a se desvendar.

"Ontem aconteceu algo impressionante e inexplicável", fala Francisco, entre um gole e outro de água. "Cheguei em Saint-Jean no meio da tarde e me hospedei no Hostel Central, por não haver mais camas vagas no refúgio público. Quando deixava o local para conhecer a cidade, encontrei-me com um senhor barbudo, cabeludo, bata marrom, capa preta, chapéu de palha, o qual descrevi hoje de manhã. Carregava um cajado e uma bolsa marrom a tiracolo. Esta", apontando para a que está em sua mão, "provavelmente era a mochila dele". Foi quando nossos olhares se cruzaram, apenas isso, e não houve uma conversa.

"Mais tarde, ao tentar abrir a porta da igreja, uma voz clara e forte falou em espanhol: '*Está cerrada. Abre solamente a las seis de la tarde*'. Ao olhar para trás, lá estava novamente aquele senhor, sentado no meio-fio, do outro lado da estrada. Como faltava pouco mais de uma hora para a igreja abrir, convidei-o a caminhar pelas margens do rio Nive. Senti-me tão à vontade com a sua companhia que lhe contei um pouco da minha história de vida. Ele escutou, atento, cada palavra, sem interrupção. Contei que sou um empresário bem-sucedido financeiramente, e sem perceber já estava há horas falando da minha infância, adolescência, juventude e maturidade.

"Quando comecei a expor sobre minha vida adulta, notei uma canoa atracada no rio, em meio à vegetação ribeirinha, e logo me lembrei dos meus 8 anos, quando chegava da escola e, às vezes, fazia piqueniques com minha irmã, um ano mais nova. Na cesta de piquenique, bolinhos da minha mãe, suco de frutas da época, frutas dos pés da casa do *nonno*. Cada um segurava de um lado da cesta, e saíamos pelo terreno grande da família. Algumas vezes, entrávamos no barco, que ficava amarrado ao pé da figueira frondosa que crescia há pelo menos um século ao lado do rio, muito parecido com este. E ficávamos ali, lanchando, deitados, olhando para o céu. Fiquei perdido em divagações."

Afivelando novamente as mochilas às costas, voltamos ao caminho. A próxima parada planejada era o refúgio Orisson, a cerca de noventa minutos dali. Seguimos conversando a respeito do encontro de Francisco com o velho no dia anterior e dos relatos felizes da sua infância:

"Eu sinto o gosto daqueles dias neste momento. Principalmente aquela ameixa vermelha e doce. Havia dias em que nos perdíamos no horário a ponto de ficar até aparecerem as primeiras estrelas e, nas noites de lua cheia, ficávamos até ela aparecer. Estes são momentos mágicos da vida. E então disse a ele: 'Bem, nem sei por que estou falando sobre isso. O senhor vê, eu era feliz e hoje sou uma pessoa estressada, que vive correndo atrás de dinheiro e compromissos, já não tenho tempo para nada e sequer consigo dormir sem meus ansiolíticos'.

"Já passava das 18 horas quando nós dois, eu e o velho, resolvemos retornar à igreja, que continuava fechada. Olhei para o alto da catedral e, na torre esquerda, havia uma grande coruja. Era como se ela nos observasse. Percebi que o velho estava com um ar preocupado e perguntei o que o afligia.

"Ele disse que já não havia mais vagas em nenhum refúgio da cidade e estava pensando em dormir na igreja. Diante da situação, convidei-o a ficar comigo no Hostel Central, já que no meu quarto havia uma cama livre. Ele ficou felicíssimo e aceitou o convite.

"Durante o jantar, a conversa seguiu animada entre nós dois. Falamos de curiosidades do caminho e até de coisas íntimas que nunca havia falado antes. Foi muito terapêutico contar minha vida para ele. Quando eu dava saltos temporais, ele me trazia de volta e assim pude perceber diversas armadilhas que me prenderam ao longo da vida. 'Quanto pesa sua mochila, hein, amigo?', ele comentou com sarcasmo. Eu, a princípio, respondi que apenas 7 quilos, mas só depois entendi que não era ao que ele se referia.

"Ele falava da minha mochila existencial. Presidente da associação comercial, do centro acadêmico, da maçonaria, do clube de dirigentes lojistas, diretor do time de futebol, organizador do movimento cursilhista, professor, vice-presidente da federação das indústrias. Cada coisa, um pesinho a mais nas minhas costas. E o velho disse: 'Se cada um desses cargos pesasse pelo menos 1 quilo nessa mochila, provavelmente você não chegaria andando a Santiago de Compostela'.

"Já no quarto, começamos a nos preparar para descansar, com aquela natural expectativa de começar o Caminho de Santiago no dia seguinte. Antes de apagar a luz, o velho pediu para fazer um procedimento em mim, como retribuição à acolhida. 'Só vou fazer imposição das mãos', explicou. Pediu para que eu fechasse os olhos e, alguns minutos depois, senti um alívio da ansiedade e inexplicavelmente consegui compreender melhor as coisas. Prometi para mim mesmo, na volta para casa, reduzir o peso da minha mochila existencial.

"Depois disso, o velho pediu que durante o meu banho eu sentisse o cheiro do xampu, a água morna caindo no corpo, o aroma do sabonete, que eu massageasse meus pés e que, ao sair do banho, sentisse o toque macio da toalha. E, quando o fiz, talvez estimulado pelas fragrâncias e pelos vapores do chuveiro, voltei à infância e lembrei de quando me banhava com os mesmos aromas nas férias de verão na casa dos meus avós. Muitas outras lembranças me atingiram, como o leite ainda quentinho direto do ubre da vaca, o café passado em coador, o feijão cozido no fogão a lenha, o cheiro do pão de ló, da bolacha caseira... Tudo, tudo retornou ao meu sensorial. Impossível descrever aquele momento", Francisco diz, com os olhos lacrimejados.

"Eu não sei explicar direito o que aconteceu, não sei se foi o procedimento do velho barbudo, que não pude ver por estar de olhos fechados, ou se foi o cansaço da viagem, ou o sabonete, ou a água, ou até tudo isso junto, mas, depois daquele momento, me senti ressignificado, transformado", conta Francisco, em tom de confidência, quando avistamos o refúgio Orisson.

A história do encontro de Francisco – este senhor que agora caminha ao meu lado – com o velho barbudo, entretanto, ainda não havia terminado. Ele continua: "Tão logo retornei ao quarto, após o banho, o velho pediu para que me deitasse novamente e ficasse em silêncio. Foi quando ouvi pela primeira vez o som do rio que passava próximo ao Hostel Central".

Francisco, ao mesmo tempo que caminha ao meu lado, repete entusiasmado, sem nenhum cansaço, as palavras do velho na noite anterior: "Ele dizia: 'Deite-se, relaxe e feche os olhos. Agora vá para casa dos teus pais, na cidade onde cresceste; vá debaixo da figueira; convida tua irmãzinha para entrar no barco'.

PROMETI PARA MIM MESMO, NA VOLTA PARA CASA, REDUZIR O PESO DA MINHA MOCHILA EXISTENCIAL.

Todo caminho é sagrado
@ofilosoperegrino

"Eu até pensei na minha irmãzinha, mas depois reparei que quem estava ali naquele momento era minha netinha Sophia. E o velho continuou dizendo: 'Muito bem, agora você está com a sua netinha. O que ela tem na mão?'. Era uma cesta, uma pequena e bonita cesta de piquenique, com ameixas, suco e bolachas caseiras."

Ouço atentamente a história de Francisco. Estou curioso pelo final, é claro, mas ainda mais por saber onde estará o velho agora. Quero saber tudo sobre ele. Francisco segue com seu relato:

"O velho me pediu para entrar mentalmente no barco com minha netinha, exatamente como fazia há mais de quarenta anos. 'Entre no barco', disse ele, 'saboreie o suco, desfrute as frutas, compartilhe com Sophia.' Ele dava as direções e eu o seguia. 'O que a netinha está fazendo?', perguntou. E eu respondia: 'Estou deitado no barco e a cabeça dela está no meu colo. Ela está me acariciando e cantando uma música, olhando para as estrelas: *Senhor meu Deus, quando eu, maravilhado, fico a pensar nas obras de tuas mãos. No céu azul de estrelas...*'. Esta música foi minha última lembrança da noite anterior. Depois disso, dormi um sono como jamais dormira. Um sono realmente reparador. Tanto que só acordei minutos antes das 7 da manhã, hoje, já sozinho no quarto. Dez horas de sono ininterrupto e sem remédio, coisa que não ocorria há décadas."

Francisco conta, em um tom melancólico, que, ao acordar, virou para o lado imaginando encontrar o velho: "Mas, para minha surpresa, não tinha ninguém ali. Foi quando vi o cajado e a bolsa marrom. Ele esqueceu suas coisas e, por isso, estou atrás dele. Para devolvê-las".

Agora começo a entender a cena inicial, quando encontrei Francisco saindo apavorado do Hostel Central, segurando um cajado diferente e uma bolsa marrom. Naquele momento, tive a sensação de estar no caminho certo para encontrar a personagem lendária do qual ouvira falar nos caminhos anteriores da boca de muitos peregrinos. Sim, era ele. Tinha de ser o velho.

Entramos no albergue Orisson e fomos acolhidos por Pierre e Anthonieta, casal de hospitaleiros que faz jus à fama de pessoas especiais. Não perguntam nossos nomes nem de onde viemos e muito rnenos se vamos nos hospedar. Dão-nos as boas-vindas e servem um suco de pêssego que tem o gosto do céu.

Enquanto o simpático casal recebe outros peregrinos, Francisco e eu deixamos nossas mochilas na entrada do albergue e vamos até um deque do outro lado da rua construído meticulosamente entre as rochas. Não olho o relógio, mas deduzo que seja por volta de 10 horas. O local é tão alto que as nuvens carregadas e úmidas passam e encobrem o refúgio a menos de 30 metros de nós. Já é verão, mas a altitude e os ventos deixam o clima um pouco frio para os meus padrões, e, como não trouxe casaco, visto minha jaqueta de chuva.

Minha conversa com Francisco já é de despedida. Não sinto que ele esteja cansado, mas percebo que está introspectivo. Como se dissesse para mim que quer ficar em solitude, curtindo, saboreando os fatos recém-ocorridos. Fico mais convicto disso quando ele diz: "Este dia está sendo bem diferente. Fui mais paciente, mais amável comigo e, por consequência, com os outros. Sabe quando me dei a oportunidade de ter uma conversa assim com alguém nos últimos vinte anos?", pergunta, mas, antes que eu tenha a chance de responder, ele mesmo o faz. "Nunca!"

Continuo conversando com Francisco nesses últimos momentos antes de seguir minha viagem e, enquanto isso, faço um lanche mais reforçado para encarar os cerca de 18 quilômetros até Roncesvalles, onde pretendo pernoitar, pouco menos de cinco horas de caminhada. Tomo um café expresso com leite, acompanhado de um *bocadillo de jamón y queso*.

Sentindo-me pronto para enfrentar a subida dos Pirineus, ajeito a mochila nas costas e despeço-me de Francisco com um forte e caloroso abraço de irmãos. Olhamo-nos nos olhos e nos desejamos mutuamente, com um grande sorriso, "*¡Buen camino!*". Afivelo o cinto da mochila na lombar e no peito e saio a passos pequenos para me reaquecer e aumentar o ritmo.

Já estou quase saindo da propriedade quando avisto Pierre, chegando com um feixe de lenha nos braços. Aproveito a oportunidade para perguntar se ele viu passar um peregrino barbudo, cabeludo, capa preta e bata marrom.

"Vi, sim", responde Pierre, sorrindo. "Tinha um cajado e uma bolsa iguais aos que o teu amigo está trazendo. Passou por aqui bem cedinho e seguiu de cabeça baixa em direção a Roncesvalles."

Agradeço aquele simpático senhor pela hospitalidade e sigo meu caminho no encalço do velho. Desço aquela trilha milenar lembrando das personalidades históricas que percorreram o mesmo caminho, como Júlio César e seu exército, Napoleão Bonaparte, mas o que toca a minha alma é recordar Francisco de Assis e, especialmente, o apóstolo Tiago. Que privilégio o meu pisar o mesmo solo que esses e outros grandes homens pisaram.

Sigo, arrepiado pela sincronia dos encontros, o meu com Francisco e o dele com o velho. Mas, de chofre, questiono: será este o mesmo velho sobre quem ouvi nos outros caminhos? Será que se trata da mesma pessoa que virou uma lenda na trilha rumo à casa do santo? Será que, enfim, vou ficar frente a frente com ele? Por que só ouço falar dele e nunca o encontrei?

Depois de caminhar cerca de 26 quilômetros em um dia, com chuvas leves esporádicas, e bastante encharcado, em uma mistura de suor e garoa, chego por volta das 19 horas a Roncesvalles. É um pequeno povoado medieval que mantém suas características originais quase intactas e vive basicamente da peregrinação.

Percebo um afluxo de peregrinos em direção à igreja, para onde também vou. É o horário da missa do peregrino, uma cerimônia centenária rezada ali todos os dias. O templo está cheio, mas consigo um lugar no penúltimo banco. Olho para cima e vejo uma coruja no alto da torre. Ela participa atentamente da missa como uma fiel católica. Ao meu lado, um jovem alto e forte, com um bom preparo físico, roupa camuflada e mochila grande descansando no chão, que lembro de ter visto hoje cedo em Saint-Jean.

No início da missa, percebo que ele se ajoelha e chora. O choro logo se transforma em um soluço que emociona todos os que estão próximos, fazendo-me repensar a primeira impressão que tive sua; parecia tão forte, inabalável. Aparências, pensei. Aparências... Durante toda a missa foi assim, com o jovem entre soluços e lágrimas que pareciam não ter fim.

Para minha surpresa, no exato momento em que o simpático padre distribui a eucaristia, avisto o velho que eu tanto procurava. Ele pega gentilmente no antebraço do jovem emotivo, que se deixa levar até a mesa do altar.

Seguindo os ritos finais da celebração, o sacerdote oferece a hóstia aos devotos e conclui a Cerimônia do Envio abençoando os peregrinos em diversas línguas, inclusive português. Um ritual que emociona e enche a todos de entusiasmo, em especial os peregrinos que partirão no dia seguinte.

A cena me desconcertou. Desejei tanto encontrar o velho e ele estava ali, ao alcance dos meus olhos. A igreja está quase lotada e quase todos recebem a eucaristia, é difícil acompanhá-los com a vista. Mantenho-me em meu lugar, sem tirar o olho da mochila do jovem peregrino. Acredito que o velho o trará de volta. Sinto certa ansiedade ao pensar nos possíveis desdobramentos do encontro que se aproxima. Distraio-me com as incríveis obras de arte da igreja secular, cada uma mais antiga e fascinante que a outra, e, ao voltar o olhar para o local do jovem, entretanto, percebo que sua mochila tinha desaparecido.

O padre ainda faz a bênção final aos peregrinos e eu, meio desajeitado, coloco a mochila nas costas. Saio com dificuldades de onde estou para tentar me aproximar do local onde vi o jovem pela última vez, mas é quase

DURANTE TODA A MISSA FOI ASSIM, COM O JOVEM ENTRE SOLUÇOS E LÁGRIMAS QUE PARECIAM NÃO TER FIM.

Todo caminho é sagrado
@ofilosofoperegrino

impossível. A celebração termina, e todos os presentes começam a deixar o local ao mesmo tempo. Tento andar na contramão, no corredor apertado. Só consigo caminhar conforme diminui o fluxo de gente e fico mais tranquilo, quase sozinho na igreja. Olho para todos os lados e não encontro nem o jovem da mochila avantajada, nem o velho de capa. Atônito, com taquicardia e suando muito, o melhor a fazer é sentar-me em um dos bancos próximos à saída da igreja. Reflito sobre a oportunidade perdida, sobre o que posso fazer para me reencontrar com o velho, motivo desta minha oitava peregrinação pelo Caminho de Santiago, quando ouço uma voz: "Senhor, senhor...".

Demoro a perceber de onde vem, até que sinto o peso de uma mão no meu ombro:

"Você está bem, peregrino?", o celebrante da missa está agora sentado ao meu lado.

"Sim, padre, estou bem. Só decepcionado, pois há anos estou querendo encontrar uma pessoa e pela primeira vez a vi, bem aqui, mas ela desapareceu feito um fantasma."

Enquanto olho para o altar, sem me fixar em nada, o padre indaga:

"O querido peregrino fala do velho barbudo, cabeludo e de capa?"

Não acredito no que estou ouvindo. Até o padre conhece a lenda do velho? Viro a cabeça para o lado direito até encontrar o padre. Pele clara, olhos castanhos, sobrancelhas grandes com alguns fios maiores sobressaindo na testa, muito cabelo acima das orelhas e pouco na parte superior da cabeça, rosto bem barbeado e batina marrom.

"O senhor também o viu?"

"Sim. Vi quando ele trouxe um jovem alto e forte para tomar a comunhão. Ele o levou pelo braço até o altar. Vi quando o largou, inclusive, o jovem titubeou um pouco, quis voltar, mas, com a cabeça e com os olhos, o velho fez um sinal e foi atendido pelo jovem, que tomou a comunhão", conta o padre.

Era muita informação para mim. O que até então ainda desconfiava ser uma ilusão, agora tenho a confirmação vinda de um representante da

Igreja católica. Meu contentamento não cabe em mim. Era a garantia de que eu precisava para seguir adiante em minha busca.

"O que aconteceu depois, padre? Pois, de repente, não os vi mais."

"Quando o jovem veio para a fila da eucaristia, não prestei mais atenção ao velho. Até porque, momentos antes, ele chorava copiosamente. Depois houve certo tumulto porque, quando ele se virou para sair da fila, ficou parado de costas pra mim e para o altar, em vez de seguir andando. Percebi que ele olhava para todos os lados e imaginei que procurava o velho."

"E ele conseguiu encontrá-lo, padre?"

"Sim, meu filho", responde. "A propósito", segue, me cumprimentando, "padre Mattia".

Minha curiosidade, somada à expectativa e à ansiedade, aumenta ainda mais.

"Mas, padre Mattia, o senhor está dizendo que eles se reencontraram?"

O padre permanece ali, ao meu lado. Só que, agora, me olhando por alguns segundos em silêncio. Faz um movimento com a cabeça levemente para baixo, contrai os músculos da testa, arregala os olhos, e as duas mãos se abrem com se pedisse algo. Levo um tempo para entender o que quer dizer, até que me apresento também. A seguir, ele continua:

"Quando os dois se reencontraram, abraçaram-se ternamente. O jovem recomeçou a chorar. O velho colocou a mão direita sobre a cabeça do peregrino, que em seguida pegou a mochila, e os dois saíram caminhando pela porta lateral da igreja."

"O senhor conhece aquele velho? Já o viu antes?"

Com um suspiro alto e já se levantando, o padre me deixa ainda mais curioso:

"Essa é uma pergunta difícil de ser respondida", diz, sorrindo. "Coisas da Santa Madre Igreja. A única coisa que posso adiantar é que deves seguir a tua intuição. Fique atento aos sinais e aos méritos, se assim o fizeres, vais enxergar."

"Enxergar o quê, padre?"

O padre já está a uns metros de mim e some atrás da porta da sacristia, ao lado do sacrário, perto do altar. Ainda assim, o ouço pedir:

"Ore por mim em Compostela, colega peregrino!"

Comovido, deixo a igreja quando o sino da torre toca oito vezes. Ainda está claro, nessa época do ano escurece por volta de 21 horas. Caminho em direção ao albergue público, uma construção de pedras. Tento controlar a ânsia de encontrá-los hospedados por lá, fato não confirmado pela hospitaleira María do Rosário. Mesmo assim, decido pernoitar ali. Depois de me instalar, saio pelo vilarejo para jantar e fazer minhas pesquisas.

Sopra uma brisa fria e quase não encontro ninguém na rua, apenas nos restaurantes. No primeiro, as mesas estão todas cheias de peregrinos, e um cheiro delicioso de sopa de legumes toma conta do ambiente. Converso com algumas pessoas e nenhuma delas viu um velho com aquelas características, mas algumas lembram de ter encontrado o jovem. Descubro que há outros dois restaurantes movimentados no vilarejo e vou até eles continuar minha busca, mas sem sucesso. Alguns até conversaram com o jovem de roupas e mochila camufladas, mas ninguém se lembra do velho de barba e cabelos compridos, de chapéu de palha, roupa marrom e capa preta. Aproveito minha incursão pelos restaurantes e faço um lanche rápido. Minha fome agora é de curiosidade, preciso matá-la.

Penso se não foi uma ilusão, mas não pode ser, o padre Mattia também o viu.

Já se aproxima das 22 horas, horário limite para retornar ao refúgio. O importante agora é descansar para retomar o caminho na manhã seguinte.

Deitado na cama de baixo do beliche e já dentro do saco de dormir, reflito sobre este primeiro dia. Quanta emoção! Antes de dormir, ainda tenho tempo de imaginar: quem sabe amanhã não encontro o jovem e, com sorte, até o velho?

SE, EXISTENCIALMENTE,
VOCÊ NÃO SE SENTE
BEM NO SEU LUGAR,
POSSIVELMENTE
AQUELE NÃO
É O SEU LUGAR.

De volta para casa

Acordo com o mugir das vacas perto da minha janela. Dentro do albergue, o burburinho dos peregrinos se levantando e mexendo freneticamente nas sacolas chega direto aos meus ouvidos. Acordar com o som de plásticos deixa a mim e a outros peregrinos irritados, alguns fazem um "psiu!" em coro. Ao meu lado, com voz estridente, alguém pede: "Respeito, por favor!". Os vitrais opacos indicam que o sol ainda não raiou. Viro-me de um lado para o outro e não consigo mais dormir. São quase 6 horas da manhã quando resolvo me levantar e percebo que muitos peregrinos fazem o mesmo.

Costumo dormir vestido e pronto para a caminhada, para facilitar o início da jornada no dia seguinte – malandragem de peregrino experiente. Em silêncio, recolho o saco de dormir, fecho a mochila e vou calçar a bota do lado de fora do refúgio. Descasco a banana que sobrou da noite anterior e ponho-me no caminho. O dia está nublado e prometendo chuva fina nas próximas horas, a temperatura é amena. Na minha frente, alguns peregrinos tiram fotos em uma placa que informa: "Santiago de Compostela a 790 quilômetros".

Minha mente insiste em fazer as contas: no dia anterior, andei quase 27 quilômetros; saí de Saint-Jean, a 200 metros de altitude, cheguei a 1.430 metros nos montes Pirineus, depois desci a 950 metros em Roncesvalles. Hoje, não sei claramente até onde vou, pois tenho um rumo, não um roteiro... uma trilha, não um trilho. Mas sei que no trajeto à casa do santo estou descendo em altitude.

Sigo as flechas amarelas, agora em um tapete preto, quando alcanço a aldeia de Burguete. Deixo o asfalto e entro por uma agradável trilha sob árvores até alcançar a aldeia de Espiñal, um povoado de passagem onde vivem algumas famílias de camponeses. Encontro poucas pessoas neste trajeto, mas até aqui me atenho às minhas observações e foco, querendo encontrar o jovem, quiçá o velho.

Depois de três horas de caminhada e poucas paradas, chego por volta de 9 horas a Viscarret, onde resolvo tirar as botas e meias, esticar as pernas, sentar-me ao sol e fazer um lanche. Tiro da mochila um par de sandálias Havaianas e, por alguns minutos, deixo o sol bronzear meus pés – outra malandragem de peregrino experiente, ajuda a engrossar a pele e, assim, evitar bolhas.

Entro em uma lanchonete, peço um café com bolo e aproveito para comprar uma maçã, uma laranja e reabastecer meu cantil de água. O atendente, um senhor de meia-idade que acredito ser o proprietário do Café do Roberto, é falante e extrovertido e logo confirma minha suspeita, apresentando-se como Roberto. Cumprimento-o cordialmente, "¡Buenos días!", e sento-me na banqueta de madeira no balcão. Com um largo sorriso, ele me olha nos olhos e diz que coisas estranhas estão acontecendo no Caminho de Santiago. Inicialmente, penso em furto de mochilas e assaltos, mas logo descubro que não; ele diz que há um número grande de peregrinos gentis, amáveis, educados e espiritualizados.

"Isso, sempre teve", comenta. "Mas agora o percentual está maior. Inclusive já debatemos o assunto na associação da província."

Estou em Navarra, local com forte influência basca. Até as placas são escritas em espanhol e em basco. Aproveito a deixa de Roberto para perguntar sobre as pessoas que estou procurando.

"Hum, velho barbudo, cabeludo, de roupa marrom e capa preta? Não, não vi", responde ele, com a mão direita no queixo, testa contraída, sobrancelhas em "u" para baixo e olhos voltados para cima. "Mas o tal jovem passou por aqui, sim."

Quase caio da banqueta. Percebo-me gaguejando:

"A que horas? O que ele disse?"

"O senhor é alguma coisa dele?", Roberto pergunta. "Por que tanto interesse?"

Dou um passo atrás na conversa. Sem uma resposta pronta, não consigo ir além de um "estou curioso".

"Ah, curioso", ele responde, irônico.

Pago a conta e deixo o café, desconcertado. Mas, afinal, por que estou tão interessado no jovem de roupa camuflada? Na verdade, não é no jovem, é no velho; contudo, um pode me levar ao outro.

Percebo que, embora lentamente, continuo descendo em altitude. Por volta das 11 horas, chego a Puerto de Erro, onde escolho uma árvore ao lado do caminho para relaxar, comer alguma coisa e descansar um pouco. Uma placa informa que faltam apenas 3 quilômetros até Zubiri. Sigo meu caminho.

Na ponte romana sobre o rio Arga, um casal de peregrinos, em silêncio, aprecia o rio de águas cristalinas que segue ao encontro ao mar. Suas mochilas descansam ao lado, encostadas no corrimão de pedras. Debaixo do arco da ponte, dois garotos se banham na água fresca. Fico ali debruçado na ponte: será que os rios são caminhos que andam?

"*¡Buenos días!*", digo ao casal, sorrindo.

"*¡Hola!*", respondem também sorrindo.

Depois de falar da minha busca, dando as características dos dois peregrinos, o casal se olha, e a mulher, mais espontânea, diz:

"O velho, nós não vimos, mas este jovem passou aqui há pouco. Intencionava pernoitar em Pamplona."

"Pamplona?", pergunto, surpreso. "Mas fica 22 quilômetros adiante!"

"É, pelo jeito, ele é bem preparado. Parece até que veio da guerra", brinca o homem.

Agradeço o casal pela gentileza e sigo minha jornada ao mesmo tempo que faço as contas. É meio-dia. Tenho pela frente mais 22 quilômetros, distância que não consigo fazer em menos de cinco horas. Portanto, devo chegar entre as 17 e 18 horas na capital de Navarra. Observando minha disposição, mantimentos e água, decido seguir adiante. Se não conseguir chegar a Pamplona, chego pelo menos perto.

O caminho de Zubiri a Pamplona é uma descida que parte de cerca de 600 metros acima do nível do mar e chega a 446 metros. Ainda bem que é assim! Passo por Larrasoaña, encontro o rio Arga e lembro das outras caminhadas que fiz, quando estive hospedado na região. Em uma delas, tive de pernoitar em uma barraca, pois havia muita gente no refúgio e amanheci encarangado, com a barraca ensopada pelo orvalho.

Preciso seguir minha jornada se quiser chegar a Pamplona hoje. Quase duas horas depois, chego a Zuriain, a Irotz, e logo em seguida reencontro uma vez mais o rio Arga. Perto das 16 horas, entro em Villava. Caminho surpreso comigo mesmo, pois vou em um ritmo que jamais empreendi quando percorrendo o caminho.

Em Villava, dou uma parada estratégica para descansar, alongar e reabastecer o cantil, além de comprar chocolate e sementes de girassol para comer nos seis quilômetros até Pamplona. Ali, avisto um senhor que olha para o vazio à frente, me aproximo, ele põe o dedo indicador na frente dos lábios e diz: "Psiu... Estou fotografando o silêncio". Tentei puxar conversa, mas ele voltou a pedir silêncio. Tem de tudo no caminho – até fotógrafo emoldurando o silêncio. Resolvo me afastar e seguir minha jornada, rindo sozinho da situação. Fotografar o silêncio? Será que é possível? Não me contive e quebrei o silêncio com uma longa gargalhada.

Meus passos são decididos e ainda tenho disposição para ir mais longe. Quando temos um objetivo, a fadiga é menor. Nem acredito que estou prestes a completar 44 quilômetros, caso realmente consiga chegar a Pamplona. Não costumo caminhar tanto em um único dia. O risco de lesão é muito grande, sem falar nas dores no dia seguinte.

Avisto Pamplona por volta das 17 horas. Meia hora depois, já estou caminhando nas ruas estreitas de pedra. Seu povo elegantemente trajado mistura-se aos não tão elegantes peregrinos de todos os cantos do planeta que buscam bares e pontos turísticos.

Aqui, em junho, acontece a famosa festa de San Fermín, em que os touros são soltos nas ruas. Esta é a primeira grande cidade do trajeto até chegar a Santiago e, como já sei o endereço, vou direto ao albergue Jesús y María, que fica próximo ao centro, ao lado da imponente catedral de Santa Maria de Pamplona.

No albergue, sou recebido pelo hospitaleiro Joaquín, a quem pergunto sobre os dois peregrinos.

"O velho, realmente não vi. Mas o jovem atlético está hospedado aqui, sim. Olha ele lá", aponta.

Sigo com os olhos na direção indicada por Joaquín e encontro o jovem peregrino que procurava. Em vez de botas, agora está calçando sandálias. Veste bermudas azuis e uma camiseta branca na qual se lê em letras garrafais: Army. Ele está compenetrado, estendendo suas roupas camufladas no varal do refúgio.

Estou novamente ansioso, pois, enfim, poderei conversar com o peregrino e saber do velho. Entro, instalo-me na cama de cima do beliche onde está a mesma mochila grande que havia visto na igreja. Abro rapidamente meu saco de dormir sobre a cama e sigo para o jardim do albergue. Lá está

FOTOGRAFAR O SILÊNCIO? SERÁ QUE É POSSÍVEL? NÃO ME CONTIVE E QUEBREI O SILÊNCIO COM UMA LONGA GARGALHADA.

Todo caminho é sagrado
@ofilosofoperegrino

ele, sentado em um toco de árvore, pernas afastadas, cotovelos sobre os joelhos, mãos na testa e cabeça baixa.

"¡Hola, peregrino!", tomo a iniciativa.

"Hi!", responde em inglês, ao mesmo tempo que levanta a cabeça para me olhar.

Avalio o seu gesto como uma abertura para o diálogo.

"Como estás, peregrino?", continuo. "Eu te vi ontem em Roncesvalles e hoje já estás aqui em Pamplona?"

"Pois é, como estava me sentido fisicamente bem, decidi esticar um pouco hoje. E parece que não fui só eu, não é?", diz, deixando escapar um sorriso que mal mostrou os dentes da frente.

Agora, mais próximo, vejo que na sua camiseta, além de "Army", destacado, está escrito em letras menores "Soldier Dan". As novas informações despertam a minha criatividade, e meus pensamentos vão longe. Será que ele é o soldado Dan ou está usando a camiseta de outra pessoa? O que faz um soldado aqui no caminho? Logo me apresento, gastando um pouco do meu inglês, e ele responde:

"Muito prazer, Dan!" É mesmo ele.

"Vais jantar?", pergunto.

"Sim, estou com muita fome", diz, e logo me convida: "Vamos jantar juntos?".

"Sim, é uma honra", agradeço.

"São 18h15. Que tal nos encontrarmos na frente do refúgio às 19 horas para procurar um restaurante?"

"Combinado", respondo, vibrando por já saber que estávamos no mesmo beliche.

Volto para o quarto e me estico na cama. Quero aproveitar estes minutos para alongar e relaxar. Afinal, há anos não fazia uma caminhada tão longa. A última foi em 2014, quando, com meu amigo Mire Librelato, ultrapassamos os 50 quilômetros em um único dia. O relógio na parede do refúgio marca 18h59 quando me dirijo para o local combinado. O sol ainda esquenta, o que faz secar nossas roupas no varal. Impaciente, fico em pé, andando de um lado para o outro, enquanto percebo o movimento de "bicigrinos", que chegam em grupo e geralmente provocando aquela balbúrdia. Tudo é caminho. Uns fazem a pé, peregrinos, outros de bicicleta, bicigrinos, cada um com seu cada qual.

Entro duas vezes no refúgio para ver a hora no relógio e, na segunda vez, confirmo que a mochila de Dan está no beliche, o que indica que ele não deixou o local. Mas onde está? Incrédulo, decido fazer plantão na frente do refúgio para esperá-lo, mesmo com fome.

Já passava das 21 horas e nenhum sinal dele. Sei que precisará chegar até as 22, quando fecha a porta de entrada do albergue. Cansado e com fome, decido chupar uma laranja e me deitar por volta das 21h30. Entre uma cochilada e outra, ouço sons discretos logo abaixo de mim e vejo Dan se esticando em seu saco de dormir. Alegre pelo reencontro, escoro-me no canto da cama e o surpreendo, cochichando:

"Boa noite, peregrino Dan."

Ele dá um grande sorriso sincero:

"Boa noite, peregrino. Que bom que estás aí. Desculpe-me, mas recebi uma ligação urgente e tive de sair", disse-me, baixinho.

"Tudo certo", respondo, desejando levantar-me daquela cama e sair caminhando com ele, para que respondesse a todas as minhas perguntas.

"De repente, podemos caminhar um pouco amanhã juntos, o que acha?", pergunta-me.

"Ótima ideia", respondo com uma alegria amazônica.

"Ok. Partiremos às 7 horas, então. Pode ser?", sugere, e eu logo concordo.

Entro no meu saco de dormir e estiro as pernas com uma alegria incontida, que me faz lacrimejar. Sinto que esse encontro poderá abrir muitas portas, inclusive uma explicação sobre o velho de barba que virou lenda no caminho. Com dificuldade para dormir, começo a pensar que perderei novamente o contato com Dan, que ele pode começar a caminhar antes de mim e, mais preparado, tomar distância, e eu jamais o encontraria, a menos que tomasse um ônibus. Inicio um exercício de meditação para aquietar a alma e conseguir dormir.

Exatamente às 6h28, meu celular desperta discretamente, e começo a me espreguiçar. Para mim, aqui no caminho, o aparelho serve para duas coisas: me acordar e tirar fotos. Isso porque praticamente não recebo ligação, só dos familiares e de alguns amigos, já que comprei um chip aqui na Espanha para essa eventualidade e o número do Brasil foi temporariamente desativado para que eu pudesse fazer o Caminho sossegado.

Aos poucos, vou recobrando meus sentidos e entrando em vigília. Quando me lembro de Dan dou um salto na cama, seguro-me na lateral e olho para baixo. Ele não está. Na verdade, não há mais nada, nem saco, nem mochila. Nada. Recolho-me decepcionado quando percebo dentro de mim um vazio, uma tristeza, uma decepção. Estava tão perto e agora, tão longe, pensei.

"Bom dia, peregrino!", escuto uma voz discreta de quem recém-acordou falando perto da minha cabeça. Sim! É ele.

"Bom dia, Dan. Que alegria te ver."

"Preocupado com a questão que tive de resolver ontem à noite, quase não consegui dormir, por isso, acordei mais cedo e estou pronto. Vamos?"

Olho no relógio de parede do refúgio: 6h40.

"Sim, vamos."

Sigo o ritual das manhãs. Levanto-me, recolho o saco de dormir e o coloco na mochila. Vou ao banheiro, faço a higiene matinal. Quando retorno, guardo mais alguns apetrechos, escova e pasta de dente, e já estou pronto para iniciar a caminhada rumo a Santiago. Hoje, com uma companhia mais que desejada. Esperada!

Geralmente, na noite anterior, costumo abastecer o cantil de água, comprar algumas frutas, sementes, chocolate e até iogurte para iniciar a jornada me alimentando um pouco. Hoje, acho que pela primeira vez, vou iniciar com poucos suprimentos, apenas uma banana e uma barra de chocolate amargo.

"Estou pronto", falo para Dan. "Vamos?"

"Sim. Estou pronto!", responde.

Tão logo deixamos o refúgio, depois de um breve alongamento, percebo que Dan está com um cajado e uma bolsa marrom iguais aos que o velho usava. Engraçado que eu não havia percebido isso antes. Opto por me conter e aguardar o melhor momento para saber como ele havia conseguido as coisas. Vamos caminhando um ao lado do outro pelas ruelas de Pamplona. Já há muitos peregrinos e também nativos caminhando, cada um seguindo seu caminho.

"De qual região do Brasil você vem?", pergunta, mas, antes que eu tenha chance de responder, ele arrisca: "Do Amazonas não, né?".

"Por que Amazonas?"

"Ah, por conta de toda a sua importância ecológica para o mundo."

"Não, Dan. O Amazonas fica no Norte e eu vivo no Sul do Brasil, próximo à Argentina, Uruguai, Paraguai."

"Sei. Sou militar do Exército estadunidense há seis anos, desde que terminei minha faculdade na Old Dominion University, em Norfolk, Virgínia. Alistei-me depois de terminar o curso de Geografia e, por isso, comecei a trabalhar em projetos especiais, e meu primeiro trabalho foi acompanhar o desmatamento e o movimento de guerrilheiros na região amazônica."

"Mas já foste ao Brasil ou à América Latina?"

"Não, mas conheço a região melhor do que muitos latino-americanos", dá uma risadinha irônica.

Dan tem cerca de 1,90 metro de altura, agora está de boné cinza, usa uma calça de moletom azul, camiseta branca de manga comprida, em que se lê *"I love Virginia"*, e coturno militar. Embora tenha passadas largas, elas são suaves e tranquilas, tanto que eu, com meu 1,80 metro de altura, o acompanho sem dificuldade. Não sei se por bondade ou por opção dele, caminhamos lado a lado.

Depois de passar por diversos jardins e praças e de deixar para trás a Universidade de Navarra, atravessamos todo o centro e praticamente saímos da cidade, através de ruelas e caminhos secundários. Passamos por Cizur Menor às 8 horas da manhã em direção ao Alto del Perdón. Depois de subir cerca de 200 metros, convido-o para sentarmo-nos em uma lanchonete logo à direita para o *desayuno*. Enquanto esperamos pelo cappuccino, confesso:

"Queria muito falar contigo, principalmente depois de te ver com aquele peregrino de barba e cabelos compridos na igreja em Roncesvalles."

"Você o viu?"

"Sim, vi. Quem era ele?"

"Até agora estou sem uma explicação lógica. Ele apareceu durante a missa, me pegou pelo braço e me levou à eucaristia", comenta Dan.

"Falei com o padre Mattia, que presidiu a missa. Ele disse que viu o velho contigo e que, antes de terminar a missa, vocês deixaram juntos a igreja pela porta lateral. Onde foram, o que fizeram? Procurei por vocês e não os encontrei."

Depois de lancharmos, retomamos nossa jornada e a conversa.

"Bem, como eu estava muito mexido, deixei-o conduzir-me. Vi nele compaixão, puro amor. E estava certo", salienta Dan, já ofegante, pois subíamos um morro ao mesmo tempo que conversávamos freneticamente.

Espontâneo e confiante em mim, ele foi se abrindo. Disse que, tão logo saíram da igreja, o velho o convidou para ir ao albergue, coisa que Dan rejeitou, dizendo que iria armar sua barraca junto ao rio. Justificou sua posição dizendo que o albergue lembrava o acampamento militar.

Aqui está uma grande chave deste peregrino: confidencia que caminha a Santiago para fugir do sistema militar, dizendo não querer mais sofrer. Dan se disse surpreso quando o velho perguntou se na barraca tinha lugar para mais um e se ele podia dormir ali aquela noite.

Chegamos ao Alto del Perdón, com 770 metros de altitude. O visual é indescritível, ficamos um momento contemplando a paisagem. Dali, podemos avistar lugares bem distantes, além das gigantescas torres de energia eólica. Um interessante monumento aos peregrinos feito de aço mostra aventureiros a cavalo, com os dizeres: "Onde se cruza o caminho do vento com o das estrelas". São 10h30 da manhã e o sol ameniza um pouco o frio potencializado pelos ventos fortes da região.

Ao retornar do Alto del Perdón, reconheço o peregrino que ontem fotografava o silêncio e pergunto: "Conseguistes fotografar o silêncio?"; ao que ele responde: "Ainda não, mas hoje fotografei o perfume de uma papoula". "Como assim?", questiono-o. "Você não entenderia se lhe falasse agora, mas um dia vai entender." E seguiu sua jornada.

Andamos, Dan e eu, mais um pouco, agora descendo rumo a Uterga, quando ele retoma sua explanação sobre o encontro com o velho. Está calmo, tranquilo e fala com muita sobriedade ao contar que, enquanto armava a barraca, começou a falar sobre si.

Disse ao velho que era músico e que seus pais moravam no Brooklyn, em Nova York. Quando fez 22 anos, logo depois de terminar sua faculdade de Geografia em Norfolk, foi chamado para a guerra do Afeganistão. Hoje, dispensado após seis anos servindo naquele país, está voltando da guerra, mas não consegue, literalmente, voltar para casa. Por isso, em vez de ir aos Estados Unidos, resolveu fazer o Caminho de Santiago, do qual ouviu falar ainda na juventude em seu país, onde era católico praticante. Por gostar muito de uma frase do apóstolo Tiago, "A fé, se não tiver as obras, é morta em si mesma" (Tiago 2, 14-26), interessou-se pela história de vida do apóstolo de Cristo, o que o levou a conhecer o Caminho de Santiago.

Com a barraca já armada, começava a escurecer e os dois abrigaram-se, cada um em seu saco de dormir. Dan disse que, mesmo sem entender o porquê, continuava falando sobre si, contando sobre os seis anos em que esteve na guerra. Nesse meio-tempo, regressara duas vezes aos

Estados Unidos, a primeira quando o pai teve um aneurisma e acabou por falecer, a outra para o aniversário de 70 anos da mãe, havia dois anos.

Era quase meio-dia quando chegamos a Uterga, completando 18 quilômetros de caminhada naquela manhã. Como não havia uma *tienda* aberta na localidade, decidimos andar por mais 2 quilômetros até Muruzábal, onde tomamos um gostoso café com torta de Santiago. Voltamos a caminhar e, sem que eu instigasse, Dan continuou a conversa de onde parou. E eu, atento, acompanhava tudo. Quero saber dele é claro, e ainda mais do velho.

Ele ressalta que, naquela noite, na missa, em vez de orar, ele chorou e aquele choro provavelmente tenha sido a mais sincera de suas orações. Ao crepitar da fogueira e ao som da água corrente ele teve um sono excepcionalmente tranquilo, reparador, mesmo dividindo a barraca com um peregrino desconhecido. Na manhã seguinte, antes das 6 da manhã, os dois acordaram, ajeitaram suas coisas e seguiram caminhando lado a lado. Tomaram café da manhã por volta de 8 horas, em um bar à beira do caminho, em Espinal.

Abastecidos, os dois seguiram caminhando. Dan relatou sua infância, adolescência e juventude, sua vida como estudante de música, os concertos de que participou, tanto nos Estados Unidos quanto em outros países, como França, Rússia, Japão e até no Vaticano. O velho o seguia escutando com paciência e atenção e, de vez em quando, fazendo pequenas interferências pontuais, antes que Dan voltasse a discorrer por mais um tempo.

Emocionado, Dan fala que quando chegou a Zubiri, perto da hora do almoço, pensou em permanecer naquele povoado, mas, como ainda era cedo, cogitou a possibilidade de continuar caminhando. Os dois sentaram-se na ponte Notre-Dame, sobre o rio Arga, começaram a olhar melhor ao redor e perceberam próximo dali um *pub* com bastante movimento de pessoas – em sua maioria peregrinos – e podiam até ouvir a música que tocava ali. O jovem comenta que era como se pudesse sentir o som.

ELE RESSALTA QUE NAQUELA NOITE, NA MISSA, EM VEZ DE ORAR, ELE CHOROU E AQUELE CHORO PROVAVELMENTE TENHA SIDO A MAIS SINCERA DE SUAS ORAÇÕES.

Todo caminho é sagrado
@ofilosofoperegrino

De volta para casa

A esta altura da jornada, Dan e eu alcançamos a localidade de Obanos, a 3 quilômetros de Puente la Reina. Ele continua dizendo que, ao ouvir a música do *pub*, o velho sugeriu que entrassem para conhecer o local.

A animação era contagiante. O bar era uma mistura de hippie com peregrino, de Janis Joplin com José Luis Perales, com cajados, conchas de diversos tipos e tamanhos, discos de vinil e CDs do mundo inteiro espalhados pelas paredes e mesas. O piano aberto, quase no meio do salão, destacava-se em um palco a 1 metro do chão. Mais adiante, no canto do bar, uma jovem cantava em espanhol canções sobre amor, paz, caminho. De vez em quando, cantava também em inglês, permitindo que Dan a acompanhasse baixinho.

O velho o instigou a tocar algo na pausa da cantora, talvez por estar sensibilizado pela história que Dan havia contado, e teve, inclusive, o cuidado de perguntar à jovem cantora, que, simpática, respondeu: "Cante e encante a nós todos, amigo peregrino".

Dan relata que tentou. Pegou o violão nas mãos, e quando o virou para baixo, encontrou escrito em espanhol *"Haz el amor y no la guerra"*. Virou novamente o instrumento, tocando os dedos levemente nas cordas, como se as acariciasse, mas nada saiu, nenhum som, nem sequer uma nota, apenas algumas lágrimas e um nó na garganta.

Chegamos a Puente la Reina depois de 14 horas e nem procuramos por albergue. Permanecemos debaixo da histórica ponte que empresta o nome à cidade, e Dan continua sua história com o velho, em detalhes.

Descreveu que, emocionado, precisou sair do *pub*. Depois disso acabou confidenciando coisas terríveis ao velho, lembrando-se de homens, mulheres e crianças que matara naquela maldita guerra. "O olhar de uma criança que deu o último suspiro não me sai da cabeça. Não consigo mais falar de amor e temas sutis. A poesia das minhas músicas de outrora é como uma flecha no meu peito", disse arrependido.

O jovem peregrino recorda que, sem dizer uma palavra mais, os dois voltaram a caminhar até alcançar Larrasoaña, onde conheceram o hospitaleiro

Santiago, com sua arte de bem receber. Ali, encontraram uma *tienda* onde, enfim, comeram um lanche e ficaram ouvindo o som de um rio que cantava aos peregrinos. Olharam-se carinhosamente, como amigos, já sentindo saudade. O velho, então, quebrou o silêncio ao ligar o seu celular, colocar uma música para tocar e perguntar se Dan a conhecia. Aproximou um lado do fone de ouvido para o militar, que baixou a cabeça para facilitar.

Enquanto ouvia "Imagine", de John Lennon, no fone de ouvido compartilhado com o velho, Dan se emocionou. Depois, Bob Marley, "One Love", e, em seguida, Bob Dylan, "Knockin' on Heaven's Door". Tocado pelas músicas, o jovem peregrino disse que se levantou e começou a andar novamente ao lado do velho, dessa vez falando sobre a história das músicas, o contexto, as notas e os arranjos.

Sentados ali, sob a ponte da rainha, Dan e eu compreendemos que somos testemunhas da ressignificação e da transformação de uma pessoa, no caso, ele. Mas, enquanto eu o escutava com interesse e curiosidade, queria saber o papel do velho naquelas transformações: primeiro do brasileiro Francisco e, agora, do ex-soldado estadunidense.

Entusiasmado com o relato, Dan continua a discorrer sobre o dia anterior. Aquele simples gesto de ouvir as canções no celular havia feito com que voltasse a se interessar pela música, a reconectar-se com ela. Dan continua contando que os dois entraram em uma quitanda para comprar frutas e encontraram um violão descansando ao lado de uma mesa. No balcão, o atendente escorava seu queixo nos dois braços, quando o velho pediu se podia tocar o violão. Dan e o velho novamente se entreolharam e, assim como na missa em Roncesvalles, o jovem foi conduzido pelo braço até o instrumento. Lentamente, colocou a alça do violão sobre o ombro e diz ter olhado para o instrumento como se olhasse pela primeira vez para uma mulher, com desejo e estranheza. Seus dedos destreinados começaram a seguir um caminho já percorrido e conhecido. Ele começou a tocar uma das músicas preferidas de seu pai, "The War Drags On"[5] [E a guerra

---

5   THE War Drags On. Intérprete: Donovan. *In*: Universal Soldier. Londres: Pye Records, 1965. Faixa B1.

De volta para casa

continua, em tradução livre], um folk de protesto, composto em 1965 pelo britânico Mick Softley, que, nos Estados Unidos, virou um hino contra a Guerra do Vietnã na voz de Donovan:

Let me tell you the story of a soldier named Dan
Went out to fight the good fight in South Vietnam
Went out to fight for peace, liberty and all
Went out to fight for equality, hope, let's go
And the war drags on

Found himself involved in a sea of blood and bones
Millions without faces, without hope and without homes
And the guns they grew louder as they made dust out of bones
That the flesh had long since left just as the people left their homes
And the war drags on

They're just there to try and make the people free
But the way that they're doin' it, it don't seem like that to me
Just more blood-letting and misery and tears
That this poor country's known for the last twenty years
And the war drags on

Last night, poor Dan had a nightmare it seems
One kept occurrin' and re-occurrin' in his dreams
Cities full of people burnin', screamin', shoutin' loud
And right there overhead, a great orange mushroom cloud

And there's no more war
For there's no, no more world
And the tears come streaming down
Yes, I lie crying on the ground[6]

---

6   Deixe-me contar a história de um soldado chamado Dan / Saiu para lutar o bom combate no Vietnã do Sul / Saiu para lutar pela paz, liberdade e tudo / Saiu para lutar pela igualdade, espero, vamos lá / E a guerra continua // Encontrou-se envolvido em um mar de sangue e ossos / Milhões sem rosto, sem esperança e sem lares / E as armas ficaram mais barulhentas enquanto faziam pó de ossos / Que a carne há muito partiu assim que as pessoas deixaram suas casas / E a guerra continua // Eles estão lá apenas para tentar tornar as pessoas livres / Mas do jeito que estão fazendo, não me parece / Apenas mais derramamento de sangue e miséria e lágrimas / Pelo qual este país pobre é conhecido nos últimos vinte anos / E a guerra continua // Na noite passada, o pobre Dan teve um pesadelo, parece / Um que ocorre e se repete em seus sonhos / Cidades cheias de pessoas queimando, gritando, gritando alto / E, bem ali acima, uma grande nuvem de cogumelo laranja / E não há mais guerra / Pois não há, não há mais mundo / E as lágrimas escorrem / Sim, eu fico chorando no chão.

Dan lembra que, aos poucos, a *tienda* começou a receber mais peregrinos que paravam para ouvi-lo tocar. No meio da música, conta que parou, olhou a pequena plateia e disse "É... meu coração empedrou. Qual meu papel neste mundo?", deixando o público sem entender, mas o velho entendeu e foi o primeiro a aplaudir, logo acompanhado por todos.

Emocionado com o reencontro consigo mesmo, Dan explicou ao velho que não entendia o que havia acontecido. Ele sentia como se simplesmente tivesse parado de pensar e se concentrado apenas nos seus sentimentos, o que o deixou mais suave. Naquele dia, renasceu uma intrigante vontade de voltar a tocar e pesquisar novas músicas que conversavam com o seu novo eu. "Com a música, digo palavras e expresso sentimentos que outrora estavam bloqueados em meu peito. Voltei a tocar e dar vazão a eles, como se a música tivesse me salvado. Estou me sentindo eu, leve. Sinto que uma missão grandiosa me aguarda em meu país e, nesse caminho, estou me preparando para ela", disse isso ao velho, comemorando essa grande vitória pessoal.

Depois de relembrar aquela cena, olhando para o alto, Dan chora ao meu lado sob a ponte da Rainha. Não só ele, eu também.

Uma hora e meia depois, voltei a tocar no assunto do velho enigmático. Queria saber mais sobre ele: seu nome, onde está, como Dan tinha conseguido o cajado e a bolsa marrom?

"Sabe por que não pude jantar contigo ontem à noite, amigo peregrino?", Dan me pergunta, e em seguida responde. "É que recebi uma ligação do velho e fui me encontrar com ele na praça central de Pamplona. Conversamos bem pouco até ele dizer que necessitava ir ao banheiro, deixando suas coisas comigo. Aguardei por ele até próximo das 22 horas e tive de retornar ao refúgio. Depois de ontem à noite, não o encontrei mais."

"Mas onde vocês se separaram?"

De volta para casa

"Depois de tocar e cantar naquela *tienda*, voltamos ao caminho. Mas, em determinado ponto do trajeto, antes de chegar a Pamplona, ele se encontrou com uma peregrina estranha, de cabelos arrepiados, roupas escuras, parecia uma bruxa. Eles diminuíram o passo e ficaram para trás. Em minha última conversa com o velho, ontem, pouco antes de me afastar dos dois, passei-lhe meu número de telefone e ele disse que nos encontraríamos no albergue público de Pamplona.

"Mas qual o nome dele?", insisto.

"Sabe que eu não sei? Ele não falou, nem perguntei. Lembro que a mulher de cabelos eriçados o chamou pelo nome e ele atendeu. Ja... Ja..., Jacob, parece."

"Jacob. Será que este é o nome dele?", pergunto mais uma vez.

"Não tenho certeza. Hum, acho que começa com a letra "jota", reflete Dan.

Fitando aquele rio que espelha a centenária ponte, faço as contas e concluo que caminhamos 25 quilômetros durante o dia. Ontem, 44 quilômetros. Sinto-me cansado. Por isso, convido Dan a procurar um refúgio para pernoitar. Caminhamos tranquilamente até chegar ao albergue de peregrinos Padres Reparadores, onde somos atendidos por um jovem hospitaleiro, Arturo. Simpático, faz as anotações, explica as normas da casa e, fitando a bolsa e o cajado de Dan, pergunta:

"Bolsa marrom e esse tipo de cajado agora viraram moda no Caminho de Santiago?"

"Como assim?", pergunto ao rapaz, ao perceber que Dan não tinha entendido.

Dando uma pequena risadinha, Arturo explica que há poucas horas havia passado por um velho peregrino de barbas e cabelos longos, bolsa e cajado iguais a estes. "Depois de encher sua garrafa de água, fez massagem naquela peregrina ali", apontou, "abraçou um grupo de ciclistas da Polônia e seguiu caminhando", detalhou Arturo.

Todo caminho é sagrado

Com calma, esclareço a situação para Dan, que prontamente decide seguir também caminhando. Ele me convida a acompanhá-lo, mas, após avaliar a situação, decido pousar esta noite em Puente la Reina. Não posso querer comparar meu preparo físico com o de Dan.

Este é um momento delicado: depois de um dia intenso e profundo, de abertura, carinho, entrega e amizade sincera, temos de nos separar. Desapego, desapego de amizade, de coisas. Tudo é caminho. Olho carinhosamente nos olhos de Dan. Percebo que ele lacrimeja e ele, provavelmente, constata o mesmo em mim. Abraçamo-nos em despedida desejando, quase em simultâneo:

"*¡Buen camino!* E ore por mim em Santiago."

Fico parado ali na porta do albergue, enquanto vejo Dan acenar e desaparecer ao dobrar uma esquina, segurando o cajado do velho e falando alto para se fazer ouvir à distância:

"*Buen camino*, peregrino Jacob."

Esse nome, Jacob, soa-me bem e eu dou uma gostosa gargalhada, repetindo-o. Será?

Estou cansado. Talvez exausto seja a palavra correta. Estico meu saco de dormir na penúltima cama do andar térreo do refúgio e vou logo tomar banho, lavar as roupas e pendurá-las para secar. Depois disso, recolho-me, reflito sobre tudo o que ocorreu no dia e desejo falar com a peregrina que conversou com o velho. Chego até a pensar na possibilidade de tentar conversar com ela ainda hoje, mas a fadiga me vence. Como uma maçã que sobrou na mochila e me recolho para o sono. Da janela do albergue, vejo uma coruja-das-torres pousar sobre o campanário da imponente catedral. O silêncio fala tão alto naquele entardecer que posso ouvir o chilrear da coruja no alto da catedral.

A GRATIDÃO
TEM ME DEIXADO
MAIS HUMANO.

As três Marías

Passam das 7h30 da manhã, e o refúgio já está quase vazio. Fico surpreso por perceber que mais de cinquenta pessoas deixaram o recinto e eu não ouvi nada – talvez por conta do cansaço ou pela incomum discrição dos peregrinos.

Como acordo um pouco mais tarde comparado aos outros dias de caminhada, é mais fácil encontrar um bar aberto para fazer o *desayuno*. Checo o meu guia *Compostela: passo a passo*[7] e dou início à caminhada do dia, ciente de que o trajeto será equilibrado, sem grandes aclives ou declives. Passo novamente pelo rio Arga e alegremente lhe desejo "*¡buen camino!*". Dou risadas sozinho com a simplicidade de cumprimentar tudo ao meu redor, bichos, aves, rios, pedras, árvores e outros peregrinos. Uma alegria indescritível e uma espontaneidade inacreditável.

Ando sozinho por estradas de chão até alcançar Mañeru, às 9h30, e é só então que lembro da mulher com quem gostaria de ter conversado no refúgio, em Puente la Reina.

---

7   COLOMBO, B. **Compostela**: passo a passo. 2. ed. Florianópolis: Dois por Quatro, 2019.

Sigo ouvindo meus passos cadenciados fazendo um som diferente quando minhas botas tocam o chão. Um passo e mais outro passo. Um passo e mais outro passo. De passo em passo sigo a minha jornada, faço o meu caminho, com coração pleno de gratidão por estar pela oitava vez tocando este solo sagrado.

Passa um pouco das 10 horas quando avisto um bonito *pueblo*. Caminho, caminho, caminho. Enfim, chego a Cirauqui, um ótimo lugar para fotografar. Na saída, observo com atenção a superfície da trilha e consigo ter uma boa noção de como eram as calçadas romanas. Perto do meio-dia, sob um céu azul-claro, lindo, vivo e sem nuvens, alcanço o rio Salado, para o qual tiro o chapéu, em sinal de reverência e, mentalmente, também lhe desejo "*¡buen camino!*".

No sentido contrário, um outro peregrino se aproxima. Cumprimento-o e pergunto se está voltando. "Não, estou indo!", responde. Faz sentido, neste mundo me parece que estamos sempre indo. Pergunto, então, de onde ele é. "Da Terra", responde com um largo sorriso. Senta-se na ponte e convida-me a sentar-me também e encompridar o rio. "Como se faz isso?", pergunto. "Do mesmo jeito que se fotografa a saudade", responde. Só então percebo que é o fotógrafo que eu já havia encontrado. Pergunto o seu nome e ele sorri, apenas sorri. Depois de algum tempo ao seu lado, enquanto ele tentava se concentrar no som dos pássaros e na mãe natureza, percebo que ele prefere ficar sozinho, ouvindo o rio, e decido seguir minha jornada, em silêncio, sem me despedir.

Passa um pouco do meio-dia, o sol está alto, quando finalmente chego a Lorca, um povoado de passagem, com serviços para peregrinos. Vejo um bar aberto às margens da estrada, perto de uma bela praça, e decido parar para descansar, alongar, comer alguma coisa e me reabastecer de provisões. Ali, encontro um casal de peregrinos alemães: Walter, 73 anos, e Sophy, 68. Saíram de Saint-Jean há cinco dias. Eles comentam que têm sessenta dias para fazer o Caminho e que não pensam em economizar nenhum.

Sou atendido por Amélia, uma senhora de cabelos brancos presos atrás da cabeça em um rabo de cavalo, poucas rugas e uma voz rouca.

"Um café *cortado* e um *bocadillo de queso*, por favor, senhora", peço.

"*Un cortado y un bocadillo de queso para el peregrino!*", repete ela para alguém na cozinha, que reitera o pedido: "*Cortado y bocadillo de queso*".

Como não poderia deixar de fazer, aproximo-me dos alemães e vou direto ao assunto do meu interesse. Pergunto sobre o velho e ouço a costumeira resposta: "Não vimos nenhum velho de barba e cabelos compridos, com cajado, bolsa a tiracolo marrom, chapéu de palha e capa preta". Mas acrescentam algo interessante: "Só vimos uma senhora com uma mochila nas costas e uma bolsa marrom no pescoço. Também levava um cajado de um tipo que ainda não tínhamos visto por aqui".

"Onde?", quero saber.

"Ela passou por nós hoje no início da manhã. Estava acompanhada de mais duas mulheres. As três deram a impressão de ser muito próximas, pois conversavam animadamente e eram parecidas fisicamente", diz Walter.

Tomo meu café rápido, embrulho o sanduíche em um guardanapo para comer no caminho. Despeço-me da atendente e do casal e ponho-me a caminhar. Estou novamente ansioso, fixado no velho, coisa que já havia ocorrido em outras caminhadas. Mas, até então, nem sequer o tinha visto, nem sabia as iniciais do seu nome. Alguma coisa me diz que estou no caminho certo e que devo me manter focado nele.

Por volta das 14h30, alcanço Villatuerta, um *pueblo* de passagem com bares e restaurantes. Sentindo-me bem fisicamente e descansado, paro apenas para me alongar e sigo meu caminho em direção a Estella, onde chego antes das 16 horas.

Estella é uma cidade do século XI, rica em monumentos e história, e que ainda conserva intacta a rua de passagem dos peregrinos, onde também caminho. Fico no primeiro refúgio que encontro, uma construção grande com cozinha e lavanderia no térreo e diversos quartos no primeiro

DE PASSO EM PASSO SIGO A MINHA JORNADA, FAÇO O MEU CAMINHO, COM CORAÇÃO PLENO DE GRATIDÃO POR ESTAR PELA OITAVA VEZ TOCANDO ESTE SOLO SAGRADO.

Todo caminho é sagrado
@ofilosofoperegrino

andar. Dou entrada no refúgio e dirijo-me a um dos quartos indicado pelo hospitaleiro Pedro. Quarto 2, cama 17.

Concluída a entrada, dirijo-me à *tienda* bem ao lado do albergue, compro mantimentos para o jantar e para a manhã seguinte. Minha panturrilha dói só por descer a escada e realizar o curto percurso, em câmera lenta.

Encontro muitos peregrinos e para todos faço as mesmas perguntas: primeiro, se viram o velho de barba e cabelos compridos, cajado diferente, bolsa marrom a tiracolo, chapéu de palha e capa preta; em seguida, pergunto sobre as três peregrinas. Engraçado é que ninguém diz ter visto o velho. Mas todos, sem exceção, garantem ter visto as três peregrinas.

"As três Marías?", responderam alguns. "Elas são irmãs, espanholas. É provável que estejam em um refúgio aqui em Estella", sugerem.

A empolgação de fazer 44 quilômetros no segundo dia do Caminho cobra agora o seu tributo. Além de um cansaço anormal, sinto intensas dores musculares. Não tenho energia ou ânimo para dar sequer mais um passo. Faço um lanche e, antes mesmo das 19 horas, já estou dentro do meu saco de dormir. Faço algumas anotações e estudo o mapa, projetando o caminho que está por vir.

Antes de cair no sono, ainda penso em acordar mais cedo para dar uma acelerada maior no dia seguinte e também procurar pelas três Marías. Aquieto meu coração e minha mente, concentro-me em minha respiração, um momento de meditação. Sou interrompido pelo bater de asas de um pássaro, presto atenção e ouço o chilrear da coruja. Sim, é uma coruja-das-torres. Desmaio de cansaço.

Sou acordado por um despertador, ergo a cabeça e já observo o movimento discreto de peregrinos que, de lanterna em punho, se mexem como formigas. Saio na rua e vejo a coruja na torre da igreja, observando atenta o fluxo dos peregrinos à minha frente.

Antes das 6 da manhã, já estou na trilha com a alegria comparável à de uma criança que dorme pela primeira vez na casa da árvore.

Ainda é noite. Uma brisa fresca acaricia meu rosto, umedecendo minhas narinas e os pelos do rosto que se mostram crescidos. As luzes dos postes iluminam o caminho e, sem muita dificuldade, encontro as flechas amarelas.

Um pouco antes das 7 da manhã, alcanço as Bodegas Irache, vinícola que fabrica vinho e suco de uva desde 1891. Aproximo-me um pouco mais e entro na fonte do peregrino, onde há vinho e água à vontade e de graça com uma única ressalva: o peregrino deve saborear ali mesmo, sem levar nada. Diz a placa: "Para levar, o vinho deve ser comprado". Apesar do horário não muito apropriado, decido aceitar o convite. Pego a tampa do cantil e coloco um pouco de vinho tinto. Sinto o cheiro da uva. Jogo um pouco na terra – "Para o santo", brinco – e degusto outro tanto. Fecho os olhos, respiro e agradeço. O momento me faz pensar no fio tênue que separa as nossas experiências sagradas das profanas.

De volta ao caminho, avisto de longe o Monastério de Irache, centenária construção de pedras, imponente, à beira da estrada. Passa das 7h40 quando chego a Azqueta, *pueblo* de Pablito, um conhecido peregrino que recebe os caminhantes em sua casa e os presenteia com cajados feitos à mão por ele. Agora a estrada é de asfalto. Sigo serpenteando lentamente as ruas. Ouço sons de mulheres conversando e cajados batendo firmemente no chão. Quando levanto a cabeça, encontro três mulheres um pouco mais à frente, entrando em uma casa com jardim florido e uma parreira de uvas que vai desde o portão até a entrada. Não penso duas vezes e sigo-as.

Escuto a porta da casa bater bem na minha frente e tenho a certeza de que a pessoa não me viu. Por isso, anuncio-me:

"*¡Hola, amigo!* Também sou peregrino, posso entrar?"

Para minha alegria, a porta logo se abre e, dela, sai um senhor de cabelos e barba brancos e curtos, calça azul e camisa de manga comprida branca, por cima um colete preto com detalhes em vermelho.

As três Marías

"Desculpe, peregrino. Não vi que estava chegando. Venha, entre, seja bem-vindo!". Estende a mão e apresenta-se, "Pablito".

Minhas pernas começam a tremer, percebo que gaguejo ao me apresentar.

"Venha, venha se juntar aos outros", ele convida.

Passo pela sala lúgubre, com quadros de fotografias antigas, em preto e branco, nas paredes. Cruzo a cozinha, já mais clara e arejada, tomada por um delicioso cheiro de café matinal, até alcançar, na parte de trás da casa, uma tímida sombra debaixo de um pé de ameixa. Ali estão Ariela, de Israel; José António, de Portugal; Giovanna, da Itália; e, para minha transbordante alegria, as três Marías, da Espanha. Enquanto aguardamos o café que Pablito está terminando de passar, Ariela, que havia chegado primeiro e conhecia bem a casa, entra em um cômodo e deixa a porta entreaberta. Dali, começa a emanar o som angelical de um piano, apesar de um tanto desafinado. Não sou perito em música, mas sinto quando alguém ou algum instrumento está desafinado. Contudo, no contexto da jornada, este é um detalhe irrelevante.

Quando ela encerra a música, todos aplaudimos, inclusive Pablito, que coloca a cabeça para fora da janela da cozinha e grita "Bravo!". Logo em seguida, nosso simpático anfitrião traz uma bandeja com oito xícaras de café. Brindamos "Ao Caminho e aos caminhantes!".

Conversamos animadamente com Pablito, experiente peregrino que já fez o trajeto até Compostela 23 vezes. "Todas elas únicas", afirma ele.

Já passam das 8 da manhã quando nos levantamos para seguir a jornada e, surpreendentemente, Pablito nos posiciona um ao lado do outro e pede nossa atenção. Diz que vai nos batizar na arte de caminhar com cajado, que vai nos ajudar a chegar mais saudáveis e mais rapidamente a Santiago.

Pegando um cajado de tamanho médio, cerca de 1,80 metro, e fino, não mais de 2 centímetros de diâmetro no meio, sai caminhando no pátio como se estivesse em um desfile. O português José António, inclusive, brinca com nosso amado velhinho: "Na passarela de Azqueta, Espanha: Pablito! Com 78 anos, 80 quilos e 23 vezes tendo percorrido o caminho de Santiago, desde Saint-Jean-Pied-de-Port, na França, até Santiago de Compostela, na Espanha. Na mão direita, o cajado, que vai na frente do peregrino, dando a cadência da caminhada".

Todos batemos palmas, quase ao mesmo tempo. A mais nova das irmãs, María Amélia, puxa um "Viva!", seguida por todos. Depois disso, Pablito volta da sua despensa com sete cajados e dá um para cada peregrino. Menos para María, que está com o cajado deixado pelo velho. Em todos, segue o mesmo ritual: bate o cajado levemente na cabeça do peregrino dizendo seu nome e completando: "Que Santiago o proteja e que faça um *buen camino*!".

Às 8h20, despedimo-nos deste bruxo do Caminho, uma lenda viva. Deixamos sua casa todos juntos, enquanto ele nos acena com as mãos. Sigo minha intuição. Deixo a mochila à beira do asfalto e volto correndo ao encontro dele.

"Posso fazer uma pergunta, querido amigo?", digo, sem graça.

"Sim. Por que não, amigo peregrino?"

"Esta é a oitava vez que percorro o Caminho de Santiago e sempre ouvi falar em diversas lendas: a do Pablito, em Azqueta; de Acacio da Paz e Orietta, em Viloria de Rioja; de Jesús Jato, em Villafranca del Bierzo; de Thomaz, em Manjarín. Além dessas, em todas as vezes que fiz este trajeto sagrado, ouvi falar também de um peregrino de cabelos longos e barba branca, um cajado de madeira, capa preta e bolsa marrom. O senhor o conhece?"

Seus olhos se arregalaram, surpresos, e Pablito coloca a mão direita em meu ombro contrário, perguntando: "Você o viu?".

"Sim, eu o vi em Roncesvalles e depois o perdi de vista."

"Tem certeza?", enfatiza.

"Sim, o padre Mattia e outros peregrinos também o viram. Poucos o enxergaram, mas há confirmações de que ele existe, sim", comento. "Podes me falar mais sobre ele, Pablito?"

Olha serenamente nos meus olhos, depois dá meia-volta, quase virando-me as costas, segue em direção à porta da casa e repete, quase *ipsis litteris*, a frase que ouvi na igreja em Roncesvalles.

"Não posso falar nada, amigo peregrino. É um mistério do Caminho. Por que você não consegue conversar com ele? Talvez a resposta esteja na pergunta, peregrino. O que posso adiantar é que siga sua intuição e, se ficar atento aos méritos, vai encontrá-lo. Posso dizer ainda que ele está bem perto. Pertíssimo!" Mas, antes de fechar a porta, ouço-o dizer: "E, não se esqueça, ore por mim em Compostela".

Percebo que ele não quer mais tocar no assunto, mas pelo menos me deu uma luz: "Atente aos méritos, à intuição e às sensações e voltarás a enxergar". E completa: "Ele está pertíssimo". Só agora me dou conta de que os seis peregrinos aguardam ali na frente. Apresso o passo, afivelo novamente a mochila às costas e, finalmente, retomamos o caminho, todos juntos.

Inicialmente, vamos em silêncio. Mas logo Giovanna diz que necessita ir a *los servicios* e é acompanhada por Ariela. É regra universal uma mulher acompanhar a outra na hora de ir ao banheiro, não é verdade? Depois disso, não vi mais nenhuma delas. Agora somos cinco. José António, entretanto, logo percebe que seu ritmo é mais acelerado que o nosso, despede-se e segue a jornada na sua velocidade, um pouco mais rápida e com a cadência ensinada por Pablito.

Enfim, aqui estamos, eu e as três Marías, andando lado a lado. Apresentamo-nos. María Aparecida, 41 anos, enfermeira; María do Rosário, 37 anos, psicóloga; e María Amélia, a mais jovem, 29 anos, atleta olímpica da Espanha. Geralmente, fazendo o caminho, o peregrino fica embevecido de tanta adrenalina secretada na corrente sanguínea. Mas elas eram *hors-concours*.

Caminhavam pelas ruelas da cidade, falavam alto, pareciam colegiais na viagem de férias do meio do ano. Não cabiam dentro de si de tanta alegria, era contagiante.

As três irmãs andam em um ritmo bem tranquilo, para não dizer lento, para mim. Geralmente, eu caminho de 4 a 5 quilômetros por hora. No ritmo delas, acho que não chegam a 3. Cada um do seu jeito, tudo é caminho. Correr tanto para quê?

Sem muita cerimônia, entro no meu assunto, na minha pauta: "Disseram que vocês se encontraram com um velho de barba e cabelos compridos ontem à noite e que ele fez massagem em uma de vocês, é verdade?".

"Quem falou isso?", pergunta uma delas, sem que eu possa identificar qual.

"Foi o hospitaleiro, ontem, em Puente la Reina."

"Sim, é verdade", responde María Amélia, que prossegue, "mesmo treinando como maratonista, tive uma tendinite no pé esquerdo, que foi como que tirada com a mão, tão logo aquele senhor me tocou."

"Como ele soube que você estava doente? Como vocês o encontraram? O que ele disse? Ele falou o nome dele?"

"Nossa, quantas perguntas", reage María do Rosário, a irmã do meio.

"E depois dizem que as falantes e curiosas são as mulheres", brinca María Aparecida, a mais velha, que continua. "Na verdade, para nós, essa história da mana poderia ser uma lenda, porque nós não o vimos. Mas dois motivos nos fazem dar crédito a ela. Alguém deixou a bolsa e o cajado que María Amélia está usando. Além disso, ontem ela se arrastou até chegar a La Reina e agora, milagrosamente, caminha como se nada tivesse ocorrido. Há algo misterioso nisso, não?"

"Como assim? Ninguém viu o velho?"

"Quando saímos para comprar mantimentos, deixamos a mana descansando. Na volta, a encontramos em um sono profundo", disse María do Rosário.

O QUE POSSO ADIANTAR É QUE SIGA SUA INTUIÇÃO E, SE FICAR ATENTO AOS MÉRITOS, VAI ENCONTRÁ-LO.

Todo caminho é sagrado
@ofilosofoperegrino

E María Aparecida continua: "Quando vimos a bolsa marrom e o cajado solitários ao pé da cama dela, perguntamos para as pessoas se sabiam de quem eram ou se alguém havia esquecido, mas ninguém sabia de nada. Ao questionarmos o hospitaleiro, ele disse: 'Acho que eram do peregrino barbudo e cabeludo que atendeu sua irmã'".

"María Amélia, você falou com ele? O que ele te disse? Ele disse o nome dele?"

"Sim. James."

"James?"

"Sim. James."

"Tem certeza?"

"Como? Foi o que ele me disse, James!"

"Não era Jacob?"

"Não. James. J-A-M-E-S", soletra, já impaciente, María Amélia.

"Por que tanto interesse nesse velho, peregrino?", pergunta a mais velha das Marías.

"É uma longa história."

"Se desejar, pode nos contar. Temos até Santiago para te ouvir", comenta María Aparecida, oferecendo um sorriso verdadeiro.

Procuro dissuadi-las, inventando qualquer história. Falo a primeira coisa que me vem à cabeça:

"É que eu o encontrei em Saint-Jean, na França, há três dias, e gostaria de devolver o mapa que ele me emprestou."

"Eu também quero devolver este cajado e a bolsa que ele esqueceu", emendou María Amélia.

A essa altura da jornada, chegamos a Villamayor de Monjardín, onde paramos para nos abastecer de água, pois a próxima bica está a 11 quilômetros. Podemos passar mais tempo sem comer do que sem beber água. Por isso, manter o cantil sempre cheio é fundamental para fazer um Caminho tranquilo.

As três Marías

Às 10 horas, avistamos Urbiola e, um pouco antes do meio-dia, Las Cruces. Aqui, nós quatro demos uma parada para alongar e, depois, seguir descendo de 625 metros de altitude a 445 metros até Los Arcos, a 6,5 quilômetros dali. Percebendo que as Marías não estão com a menor pressa de se levantar, ajeito minha mochila sobre as costas. Beijo e abraço carinhosamente cada uma delas, agradeço pela companhia e pelas informações e sigo minha jornada.

Vou na cadência do cajado. Absorto, olhando para baixo. Sequer olho para trás para observar se as três Marías acenam para mim. É a deixa para uma reflexão sobre desapego. Encontramos pessoas, nos relacionamos com elas e até nos afeiçoamos, mas, logo ali na frente, cada um se despede e segue seu destino. Sem apego, sem rédeas, sem cordas, com liberdade. Desapego de gente, de cobranças, de sentimentos. Talvez, como li certa vez em um texto de autor desconhecido, desapegar não significa que você não deva possuir nada, mas que nada deve possuir você.

Às 13 horas, chego a Los Arcos, povoado ideal para degustar um bom tinto e apreciar a imponente catedral de Santa María, construída no século XV. Faço uma parada breve para descansar e alongar. Checo minhas provisões e calculo que tenha água e alimentos para mais uns 10 ou 15 quilômetros. Decido seguir adiante. Meu foco é seguir os passos do velho peregrino Jacob ou James e encontrá-lo. Novamente, na torre da igreja, uma coruja me observa. Seria a mesma que vi antes? Coincidência?

Não avisto nenhum peregrino à minha volta. Depois de meia hora caminhando sozinho, sinto que alguém se aproxima, mas logo passa à minha frente e some novamente. Um jovem claro, magro, pernas grandes e decididas. De vez em quando, encontramos pessoas assim e, indispensável dizer, jamais as reencontramos. Não sei se não as reencontramos pela velocidade com que caminham ou porque, andando assim, nesse ritmo, poucas aguentam; algumas até adoecem e param. É o Caminho. É a vida.

Depois de pouco mais de uma hora caminhando, alcanço San Pedro del Arroyo e, às 14h40, chego a Sansol, povoado de passagem com uma excelente fonte de água. Olho para o mapa e vejo que estou próximo de Torres del Río, 1 quilômetro à frente. Foram 31,5 quilômetros caminhados no dia. Decido parar no primeiro albergue, hostel, hotel ou casa de campo que encontrar.

Alcanço o rio Linares perto das 15 horas e, bem à beira do caminho, vejo um lugar com apenas uma placa "Refúgio". Será que o nome do refúgio é refúgio? Apesar do cansaço, dou minhas risadas internas. O local é bem simples, uma casa antiga, mas confortável, com dois andares. Na parte de baixo, recepção, cozinha, lavanderia.

Depois de dar entrada e de fazer uma sesta de vinte minutos, saio para comprar minhas provisões para o dia seguinte e achar um local onde possa *cenar*. Faltam poucos minutos para as 17 horas, ando lentamente pela estrada com capa asfáltica e aproveito para fazer o que já está virando rotina, perguntar a todos se viram o velho peregrino. Mas a resposta continua a mesma, ninguém o viu.

Em outras caminhadas, sempre estive aberto para a aproximação de outros peregrinos. Desta vez, entretanto, sinto-me fechado. Parece que só eu tenho interpelado os outros, pareço interesseiro. E isso me faz pensar no que disse o padre Mattia e que foi repetido pelo Pablito: para conseguir ver, atente aos méritos. Ah, esse tal mérito. O que será que eles queriam dizer com essa palavra? Fechado assim para os outros, será que acumularei méritos?

Recolho-me cedo. Do meu quarto, ouço o alvoroço de peregrinos na cozinha, falando sem parar. No meio daquela balbúrdia, consigo discernir a voz de duas mulheres que conversam sobre um peregrino barbudo. Já não sei se aquilo é sonho ou realidade, minha mente vai se apaziguando e entrando em estado de profundo relaxamento. Durmo.

EXISTEM PEREGRINOS QUE MELHORAM NOSSO DIA COM UMA SIMPLES CONVERSA.

As duas amigas

Aqui no Caminho, tenho dormido muito bem. Esta noite dormi por dez horas ininterruptas e me lembro muito bem do sonho que tive com o velho. Um bonito sonho, no qual ele veio ao meu encontro, olhos pretos, cabelos e barba grandes e esbranquiçados, chapéu de palha, cajado na mão esquerda, bolsa marrom a tiracolo e uma capa preta, falando mansamente, perguntou:

"Por que me procura, Beto? O que quer de mim? Quem realmente você procura? Será que o que procura do lado de fora não está dentro de você?"

Mas uma pergunta dele me deixou pensativo, e não só no sonho:

"Será que você já não encontrou a resposta que procura? Que tal fazer um movimento inverso e olhar profundamente para dentro de si?"

De repente, sinto um cheiro gostoso de café, ouço sons bem próximos. É o refúgio se movimentando para o dia que se apresenta. Olho no relógio do celular, são 5h50. Lá fora, ainda é noite e sinto a temperatura relativamente baixa – deve estar uns 10 °C, avalio. Sei que aqui é assim mesmo e, daqui a pouco, quando o sol aparecer, o calor pode chegar a

30, 35 ou até 40°C, a depender da estação do ano. Seis e quinze, já estou de mochila afivelada ao corpo e caminhando rumo à casa do santo. É meu sexto dia de caminhada.

Sigo a flecha amarela, agora por uma estrada de chão de não mais de 2 metros de largura, onde passam tratores, veículos agrícolas e, é claro, peregrinos. Em menos de quinze minutos, chego a Torres del Río. Subo e desço pequenos morros com alegria e determinação. Depois daquele morro tem outro morro, e depois daquela curva há outra curva. Encontro poucos peregrinos, com os quais rapidamente troco impressões da jornada e logo nos afastamos. Cada um segue seu ritmo. Tento olhar para dentro, mas não consigo chegar a nenhuma conclusão. Talvez não esteja indo fundo o suficiente.

São 9h45 quando chego ao *pueblo* de Viana, cidade de grande tradição jacobeia que mantém um ar medieval, com destaque às igrejas de San Pedro, do século XIV, e de Santa María, do século XV. Paro em um bar na margem da estrada e aproveito para me alongar, tomar um café e reabastecer o cantil. O atendente, Rogério, com grandes olheiras e bocejando insistentemente, responde ao meu questionamento sobre o velho:

"Não vi ninguém assim com essas características, mas duas senhoras italianas passaram aqui há pouco e, não sei se entendi bem, porque falavam em seu idioma, mencionaram esse tal velho."

"Como elas são? Faz muito tempo?", fico novamente ansioso.

Ele tira a mão direita do bolso, atravessa o braço na frente dos olhos, dá uma pequena virada no pulso e olha o relógio, fazendo as contas. "Acho que passaram há uns 45 minutos, quando abri o bar, às 9 horas."

"Mais uma pergunta, amigo. Elas carregavam um cajado e uma bolsa marrom a tiracolo?"

"Sim. Se entendi bem, queriam devolver a um velho, que os havia esquecido na noite anterior."

As duas amigas

Agradeço verdadeiramente ao Rogério e ponho-me a caminhar. Agora, colocando em prática o aprendizado de Pablito, cadenciando a caminhada. A cada três passos, movimento o cajado e de vez em quando alterno os braços, criando um ritmo considerável. Percebo que a caminhada de agora rende mais, pois há um pequeno declive. Nesse momento, me lembro do que ouvi ontem à noite, quando duas mulheres falavam de um velho. Agora, tenho a certeza de que não era um sonho.

Pouco antes do meio-dia, avisto Logroño, capital da província de Rioja, a segunda maior cidade que encontro, atrás apenas de Pamplona, capital da Navarra, com grande importância artística e cultural. Penso em saborear um bom tinto. Afinal, estou em Rioja, onde se produzem talvez os melhores vinhos da Espanha.

Ainda não tenho claro se pernoito aqui ou se sigo viagem, deixo o acaso me levar. Sigo lentamente pelas calçadas da cidade, disputando espaço com os nativos que freneticamente se movimentam de um lado para o outro. Provavelmente, vão atrás de números, metas. De certa forma, não me diferencio deles, pois tenho também minha meta: conhecer o velho pessoalmente.

Prefiro não parar no lado moderno da cidade e dirijo-me à parte antiga. Olho para a frente e vejo, lá adiante, já na saída da cidade, duas mulheres italianas exatamente como Rogério as havia descrito: mochilas iguais, vermelhas com detalhes em preto e cinza, uma de cabelo comprido e a outra, bem curto, chapéus com proteção na nuca e, claro, uma delas leva o cajado e a outra, a bolsa marrom.

Só podem ser elas. E, assim, decido apressar o passo. Olho no relógio: 13h18. Confiro meu guia *Compostela: passo a passo* e constato que o próximo povoado, Naverrete, fica a 13 quilômetros de distância. Dá para chegar lá entre 15 e 16 horas. Se elas estão indo, eu também posso ir.

A saída da cidade de Logroño é um pouco monótona, pois atravesso um parque industrial. O alento vem somente depois de caminhar uns 9 quilômetros, quando chego ao parque La Grajera. Ufa! Atravessando o sufocante concreto, em cada caminho aprendo a valorizar ainda mais o ar puro, a calma do interior pacato e verde. Diante das curvas e pequenos morros, não avisto mais as duas italianas. Percebo que o caminho, hoje, é de uma subida leve. Deitado sobre a relva, olhando para as nuvens, reencontro o fotógrafo.

"Boa tarde, peregrino!"

Ele aponta para o céu. "Veja: uma manada de elefantes brancos a caminho da África."

Deito-me ao seu lado e, sem dizer nada, ficamos ali por quase quarenta minutos esperando a manada passar. Ele fecha os olhos e espera outros animais-nuvens. Saio em silêncio, sinto que ele quer ficar sozinho, e eu preciso seguir comigo.

Passa das 15 horas. O sol reapareceu tão forte que precisei interromper a caminhada e passar protetor solar pela segunda vez. Caminho atento ao que se apresenta e, logo ali na frente, debaixo de uma frondosa árvore, avisto as duas amigas italianas. Além delas, há outros dois peregrinos tentando dialogar em uma língua que não identifico. E, ao que parece, elas também não. Cumprimento os quatro e pergunto se podem compartilhar a sombra daquela árvore comigo. Os dois homens logo se colocam a caminhar a passos largos. Sem que eu fale nada, as duas se olham, e a mais velha, de cabelos compridos, se apresenta:

"Olá! Meu nome é Rita e esta é minha amiga Carolina. Muito prazer!", diz, estendendo a mão direita.

Como elas estão sentadas e eu, ainda em pé, retiro a mochila das costas e, entusiasmado, me aproximo e agradeço a acolhida. Falo em italiano e, provavelmente por reconhecer meu sotaque, Carolina, a mais nova, de cabelos curtos, pergunta se sou brasileiro.

"Sim, do Sul do Brasil, Santa Catarina. Minha região tem muitos descendentes de italianos."

ATRAVESSANDO O SUFOCANTE CONCRETO, EM CADA CAMINHO APRENDO A VALORIZAR AINDA MAIS O AR PURO, A CALMA DO INTERIOR PACATO E VERDE.

Todo caminho é sagrado
@ofilosofoperegrino

"Somos da região do Vêneto."

"Ah, sim. Há muitos brasileiros com ascendência de lá. Há, inclusive, perto de onde moro, cidades com nomes que homenageiam a Itália, como Nova Veneza e Treviso."

"Sério?", perguntam as duas em coro.

"Verdade."

"Imagino que a Nova Veneza brasileira seja cheia de gôndolas", dizem, e riam espontaneamente.

"Mais ou menos. Há somente uma gôndola original em uma piscina no centro da cidade, presente de administradores italianos. O local é um ponto turístico, as pessoas param, tiram fotos."

O diálogo vai nos deixando à vontade. Aguardo o momento certo para perguntar o que realmente quero: como haviam conseguido a bolsa marrom e o cajado? Pensando nisso, lembro da história do interesseiro, do mérito, que o padre e Pablito ressaltaram. Procuro dissimular e sigo a conversa com as mulheres.

Falo um pouco de mim, sem me abrir muito. Não passo nem perto do meu real objetivo nessa jornada. Elas retribuem a confiança e também se apresentam. Fico sabendo que Rita, a mais velha, 46 anos, é professora universitária no curso de medicina veterinária, já Carolina, a de cabelos curtos, quatro anos mais jovem, é professora de língua italiana, ambas na Universidade de Verona.

Enquanto conversamos sobre generalidades a respeito do Caminho de Santiago, nos levantamos e começamos a caminhar até Navarrete, onde chegamos um pouco antes das 16 horas. Estou exausto pelos 41 quilômetros caminhados neste sexto dia. Meus pés, minhas pernas e meu corpo pedem para ficar, mas aguardo pelo posicionamento das amigas italianas. Elas nem entram no refúgio para ver os quartos e, de cara, decidem pernoitar. Olhando rapidamente meu mapa, entendo a razão: o próximo povoado, Ventosa, fica a 7 quilômetros, mais de duas horas de caminhada.

Enquanto aguardamos o hospitaleiro Jeremias encaminhar outros peregrinos aos seus respectivos quartos coletivos, como quem não quer nada, pergunto sobre a bolsa marrom. Percebo que elas trocam olhares antes de responder.

"Esta é uma longa história, amigo peregrino", diz Carolina, com a bolsa.

"De repente, poderíamos sair para jantar e aí te contamos tudo", completa Rita.

"Perfeito. Estou interessado nessa história."

"Às 18h30, nos encontramos aqui na frente, pode ser?", pergunta Carolina.

"Sim, combinado!"

Em seguida, Jeremias chega e nos conduz aos quartos. Aqui, surpreendentemente, há separação, entre homens e mulheres, em dois grandes quartos coletivos. Nas minhas andanças anteriores, jamais tinha tido uma experiência assim. Geralmente, os peregrinos ficam todos juntos.

Tomo banho e aproveito a água morna para lavar a roupa que inicialmente nem tiro do corpo. Logo depois, estendo as peças no varal e vou fazer minha sesta. Por volta das 18 horas, aguardo as italianas na frente do refúgio, enquanto vejo alguns bicigrinos chegarem e pedirem pouso, mas o refúgio agora está lotado. Vão precisar pedalar até Ventosa e jogar com a sorte.

Permaneço ali sentado em um banco, com meus pensamentos. Será que elas vêm mesmo? Será que vão me dar outro susto como o do Dan no segundo dia de caminhada? Pensamentos, palavras... Tudo isso nos consome diariamente; se não nos cuidarmos, passamos a maior parte de nossas vidas só com ideias, parece que o corpo serve apenas de veículo para alguns pensamentos e muitas ideias complexas.

De fato, antes do horário marcado, lá estavam elas, de roupa trocada, cabelos ainda molhados, rosto de quem havia recém-acordado, com a pele um pouco maltratada pelo sol intenso do caminho.

Andamos despreocupados por esse povoado acolhedor. As pernas um pouco duras, mal dobravam os joelhos. Falamos sobre as impressões do caminho até encontrar um *comedor* com um cartaz na porta:

Menu del peregrino
Precio 10€

Primeros Platos
Macarrones con Tomate y Carne, Ensalada Mixta, Ensalada de Pasta, Judías Verdes con Jamón, Cocido de Alubias Rojas (este plato viene con siesta)

Segundos Platos
Lomo a la Plancha, Lenguado Rebozado, Albóndigas con Tomate, Trucha a la Plancha, Berenjena y Calabacín Rebozados con Queso

Postres
Helado, Macedonia de Frutas, Crema de Yogur Griego, Flan de Huevo

* Incluye Pan y Bebida (Vino, Agua, Cerveza, Refresco)

Trocamos olhares e, sem que ninguém diga nada, entramos. O local parece bem interessante e está cheio de peregrinos. Não sei se é o único restaurante da cidade, mas me pareceu organizado e barato. Sentamo-nos à mesa, fazemos nosso pedido e, como bebida, escolhemos vinho e água.

"Você queria saber sobre a bolsa marrom e o cajado, não é mesmo?", toma a iniciativa a italiana mais velha.

"Sim, Rita. Por favor."

"Mas, antes, me diga por que o interesse", coloca-me na parede.

As duas amigas

"É que já vi alguns outros peregrinos com a mesma bolsa e cajado e que estavam procurando por um velho de barba branca, cabelos longos, chapéu de palha e capa preta. Eles queriam devolver os pertences ao velho, que havia esquecido com eles."

"Então... Com a gente, foi a mesma coisa", explica Rita. "Em Los Arcos, ontem, nos encontramos com ele, que apareceu do nada. Nós duas estávamos caminhando em solitude quando ele chegou repentinamente, saindo de trás de uma árvore. Da forma como surgiu, e também por seu tipo físico, com sua vestimenta, ficamos um pouco inseguras. Mas foi só ele falar a primeira palavra e sentimos que se tratava de uma alma evoluída."

"Ele falou o nome dele?"

"Sim", adiantou-se Rita, "um nome muito especial. Santiago!"

"É verdade ou vocês estão brincando comigo? Santiago?"

"Sim", confirmam as duas, fazendo sinal com a cabeça.

Jacob, James e, agora, Santiago. Chego a pensar não se tratar da mesma pessoa, mas o relato a seguir das duas não deixa dúvida.

"E como foi o encontro?"

"No momento em que Santiago apareceu para nós, estávamos refletindo sobre minha situação. Uns dez minutos antes, Carolina e eu falávamos sobre o meu casamento de vinte e cinco anos. Eu dizia a ela que, desde que me casei com o Enzo, quando ainda estávamos na faculdade, sempre nutrira o sonho de fazer o Caminho de Santiago, aventura esta que só foi possível por duas coisas: agora estou viúva e ainda tenho saúde para isso."

Com certa mágoa no tom de voz, Rita continua a contar como foi a conversa com o velho. Naquele momento, Carolina só ouve.

"Disse ao velho que nunca havia feito uma viagem maior e que o meu maior desejo era percorrer os mais de 800 quilômetros do Caminho de Santiago de Compostela. Sempre que podia, eu caminhava nos finais de semana da minha cidade a outra, em uma espécie de preparação para este dia, ainda sem data marcada. Contudo, meu marido não me deixava pernoitar em nenhum outro lugar. Tinha de voltar para casa todas as noites. E, por isso, só agora estou aqui", fala com orgulho.

A garçonete traz o primeiro prato, começamos a degustá-lo, e Rita continua.

"Abri meu coração para Santiago, contei minha história em detalhes, e ele pedia para falar mais sobre o meu casamento. Então eu disse que, um ano e quatro meses após a morte do meu esposo, me permiti realizar o sonho da minha vida. Estou aqui para usar este caminho como um ritual de passagem para a nova vida."

Carolina lembra que o velho permanecia ali, imóvel. Um ser com duas grandes orelhas e uma pequena boca, ouvindo as duas amigas, sem as interromper, sem questionar, sem julgar. Agora, é a vez de Carolina, a mais nova, falar, já com o estímulo de uma boa taça de vinho. Ela reproduz o diálogo que teve com o velho.

"Eu não vou esperar o meu marido morrer para viver a minha vida. Jamais. Não vou jogar minha felicidade em uma roleta-russa. Minha amiga veio fazer o caminho para recomeçar após a morte do marido, e eu quero recomeçar sem morte de ninguém. Por isso, estou decidida a me separar do meu marido e ir viver a minha vida. Não aguento mais."

Rita lembra que ela e o velho se olharam. "Ele falava muito pelo olhar", recorda-se.

Carolina foi ainda mais enfática e completou: "Não vou esperar o meu marido morrer para viver. E se eu morrer antes?".

Rita contou que, depois da longa conversa, cansados, eles se recolheram em Torres del Río. As duas amigas foram para um hostel e o velho – deduzem elas – dormiu no refúgio da cidade. Antes de ir dormir, lembram elas, os três haviam combinado de se encontrar no dia seguinte, às 7 horas, em frente à igreja do Santo Sepulcro, uma construção octogonal que lembra as histórias dos cavaleiros templários.

As duas amigas

As italianas comentam que, naquela noite, ficaram com um enorme ponto de interrogação na cabeça. Afinal, quem era aquele velho, com um olhar de ternura penetrante? Por que escutava tanto? "Era às vezes até irritante", concordavam elas, chegando a acreditar que jamais o veriam novamente. Ledo engano.

Às 7 horas, relata Rita, os três se encontraram no local combinado. Antes de saírem juntos, ainda caminharam ao redor da igreja. Santiago e Carolina ficaram lado a lado e Rita foi um pouco atrás, a uma distância tal que podia acompanhar o diálogo.

Ao iniciarem a caminhada daquele dia, Carolina contou ao velho como foram os anos de casamento, os filhos, a relação.

"Ela e o esposo não tinham um bom relacionamento", diz Rita, "principalmente por ela me encorajar a ser mais livre. Mas falava uma coisa e fazia outra. Já os nossos maridos eram amigos e tinham um excelente relacionamento."

Rita diz que se aproximou da dupla que andava mais à frente e confidenciou ao velho: "Santiago, minha amiga está rancorosa desse jeito porque descobriu que o marido teve um caso com a secretária. Quando soube disso, o casamento desandou e uma crise se instalou. Eis o motivo pelo qual ela está aqui no Caminho".

Nesse momento, a garçonete traz o segundo prato. Na Espanha é assim: pede-se a entrada, o primeiro e o segundo prato e depois a sobremesa, tudo incluído no preço. E ainda se escolhe a bebida, água ou vinho.

As amigas continuam relatando a experiência que tiveram com o velho, e eu acompanho tudo com curiosidade e interesse.

Carolina lembra que falou ao peregrino barbudo que havia conhecido seu esposo, Pietro, quando ainda estudavam no ensino médio. Tinham um excelente relacionamento, viajavam juntos e fizeram vários cursos. "De repente, ele decidiu abrir uma pequena empresa de serviços, começou a ganhar dinheiro e se distanciou muito da família. Deixou-me como doméstica e não permitia que eu me aproximasse da empresa. Ele virou uma pessoa diferente, estranha, não valorizava o trabalho de casa nem o cuidado com os dois filhos", reclamou Carolina ao velho. "Esta é uma boa oportunidade para a separação", avaliava ela.

As amigas são unânimes ao falar da atenção do velho aos relatos. Comentam que, de repente, ele pediu para Carolina contar sobre a época do namoro. Ela diz que achou estranha aquela pergunta, mas, sem muito questionamento, relembrou como eram vinte anos atrás. "Participávamos de grupo de jovens, de festivais de música, trabalhos voluntários. Foi um namoro feliz", resumiu.

Ela conta que o velho pediu para Carolina falar sobre o casamento. Rita diz que naquele momento lacrimejou de emoção, lembrando, inclusive, das músicas da cerimônia da amiga. Carolina relembrou o carinho e a atenção que dispensava ao marido e faz elogios ao pai que ele era, participativo e atento. O velho pediu que falasse sobre os primeiros anos do casamento. Ela parou um pouco, fez uma grande e nostálgica inspiração e lembrou as viagens, os lugares que haviam conhecido juntos, as fazendas e serras que visitaram. "Ele sempre me surpreendia com mimos ou um presente que eu queria muito. Sentia-me mulher. Mas agora ele às vezes me trata mal, não o reconheço mais", disse ela a Santiago.

Já emocionada, Carolina desabafava com o velho: "Mas ele não poderia ter me trocado por aquela vagabunda". Ao tocar nesse assunto delicado, Carolina relatou que, em uma sexta-feira, o marido levou a secretária para a casa dela, ficando lá até a madrugada. Ao voltar para casa, como desculpa, o marido teria dito que estava no trabalho, embora a esposa dissesse ter ligado dezenas de vezes. "'Tirei o telefone do gancho para trabalhar mais tranquilo', ele me disse."

Sábio, o velho não tocou mais nesse ponto de dor. Continuou ouvindo Carolina. Pediu que ela falasse sobre as qualidades de Pietro. "Trabalhador, carinhoso, atencioso, respeitoso, ótimo cozinheiro, costuma cozinhar

**PENSAMENTOS, PALAVRAS...
TUDO ISSO NOS CONSOME
DIARIAMENTE, SE NÃO NOS
CUIDARMOS, PASSAMOS A
MAIOR PARTE DE NOSSAS
VIDAS SÓ COM IDEIAS, PARECE
QUE O CORPO SERVE APENAS
DE VEÍCULO DE ALGUNS
PENSAMENTOS E MUITAS
IDEIAS COMPLEXAS.**

Todo caminho é sagrado
@ofilosofoperegrino

para mim às sextas-feiras, estudioso, calmo, amoroso. Quando fiz uma cirurgia, tirou férias para cuidar de mim. Ótimo jardineiro, cultiva rosas e orquídeas, um homem de palavra, um excelente amante..." A lista continuou e parecia não ter fim.

Já são quase 19h30 e continuamos sentados à mesa do restaurante em Navarrete. O sol ainda está forte, e, entre goles de vinho e água, as duas amigas falam do feito incomum de se abrirem àquele estranho, porém confiante, senhor. Chega o momento de pedir a sobremesa.

Nossa agradável conversa se estende por mais meia hora até que decidimos retornar ao refúgio para descansar. O dia foi puxado, e a jornada do dia seguinte promete. Até Santo Domingo de la Calzada, seriam mais 35 quilômetros de caminhada. Abraçamo-nos ternamente e combinamos de nos encontrar em frente ao refúgio às 6h30.

Com as pernas duras e andando como um robô, subo os cinquenta escalones até chegar à porta do meu quarto. São 20h15 e a luz ainda está acesa. Li em um cartaz que elas seriam apagadas às 21h30. Faço nova checagem no guia *Compostela: passo a passo* e avalio condições como distância, altitude, povoados com água potável, bares, *tiendas* e refúgios. Minha ideia é ir até Santo Domingo de la Calzada, mas posso ficar aquém ou até mesmo ir mais adiante. Por que não? Se a gente se abre para o Caminho, o Caminho se abre para a gente.

No horário previsto, a luz do albergue se apaga, permanecendo acesa apenas uma luz de segurança. Mas o sol ainda está lá fora, e só perto das 22 horas é que a noite cai, a temperatura baixa e o refúgio realmente descansa, em um ressoar de múltiplos roncos, até o raiar do dia.

Como faço todas as manhãs, sigo meu ritual e apronto-me rapidamente para caminhar. Hoje não foi diferente. Às 6h20, já estou esperando pelas italianas na frente do refúgio. Os postes de luz iluminam a rua. Mesmo assim, por segurança, empunho na mão direita uma lanterna para ver as placas e encontrar as flechas amarelas que indicam a direção correta.

As duas amigas

Exatamente às 6h30 elas aparecem, alegres e descansadas. Para viver neste mundo, nada melhor do que um dia após o outro e uma noite bem dormida entre eles, e vivencio isso na prática mais uma vez.

Depois de um breve alongamento, começamos nossa jornada. É meu sétimo dia. Como nas outras manhãs, faz um pouco de frio por conta da altitude. Como não trouxe uma blusa, para não pesar na mochila, decido vestir meu poncho de chuva, que também ajuda nessas emergências. Depois que descobri isso, o poncho passou a fazer mais sentido para mim nas caminhadas.

Passamos o rio La Fuerte e, tempos depois, o arroio de las Alias, chegando por volta das 8 horas a Ventosa, povoado acolhedor com todos os serviços para peregrinos. Paramos alguns minutos na saída do *pueblo* para apreciar as obras de arte. Aproveitamos para abastecer os cantis de água. Durante todo o tempo, fico agoniado para continuar o assunto da noite anterior, mas me contenho. Não quero ser assim tão obsessivo com o velho.

Caminhamos mais alguns metros e Rita puxa a conversa.

"Imagino que deve estar ansioso para saber o desfecho da conversa que tivemos com o velho, não?"

"Ah, sim. Um pouco", tento disfarçar, provavelmente sem conseguir.

Rita assume o papel de narradora.

"Deixa que eu conto. E olha que é tudo verdade", antecipa. "Quando acordamos ontem, em Torres del Río, para nos encontrarmos com o velho na frente do refúgio, você não vai acreditar em quem estava lá", dirige-se a mim, enquanto Carolina sorri meio envergonhada.

Até tentei imaginar quem podia estar ali naquele momento, mas não consegui pensar em ninguém.

"P-I-E-T-R-O!", soletra Rita.

"Pietro?"

"Sim, Pietro. O esposo da querida amiga Carolina."

PARA VIVER NESTE MUNDO, NADA MELHOR DO QUE UM DIA APÓS O OUTRO E UMA NOITE BEM DORMIDA ENTRE ELES, E VIVENCIO ISSO NA PRÁTICA MAIS UMA VEZ.

Todo caminho é sagrado
@ofilosofoperegrino

As duas amigas

"Sério? Vocês só podem estar brincando."

"Não", disse Carolina. "Acredite se quiser, mas era ele, em pessoa."

Rita, ao meu lado, já que eu caminho no meio das duas, dá uma gargalhada gostosa, e logo percebo que as coisas tiveram um bom encaminhamento, senão ela não estaria assim. Agora quem retoma a história é Carolina, foco de tudo o que estávamos falando.

"Meu coração disparou quando vi Pietro na porta do refúgio com uma pequena mala de rodinhas. Usava um chapéu de lã e um sobretudo e tinha um olhar tenso. Não tive dúvidas, pois conheço bem as roupas do meu marido."

Vendo Pietro ali, Carolina disse que foi ao encontro dele e, logo atrás dela, sua amiga Rita. Tranquilo, ele disse à esposa que tinha vindo buscá-la, que seu lugar era em casa e que os filhos estavam reclamando sua ausência. O relato das duas fica mais interessante e inusitado quando elas garantem que o velho, diante da situação singular, aproxima-se, apresenta-se a Pietro e diz que gostaria de conversar com ele em separado. Elas desconfiam que Santiago não foi muito distante propositalmente, para que pudessem ouvir a conversa dos dois. Ainda mais que Pietro falava alto.

O velho perguntou para Pietro o que tinha acontecido para ele estar ali. "Ouvimos ele dizer que estava percebendo a mulher mais distante, que o casamento estava perdendo a graça, que veio para lembrá-la das promessas de fidelidade que fez no altar, as quais nunca quebrou, e que para ele casamento é até que a morte os separe, ele não desejava se separar da esposa."

Caminhamos nós três juntos, às vezes sozinhos, às vezes próximos a outros peregrinos, mas seguimos nossa jornada absortos na história das italianas com o velho peregrino. Alcançamos o rio Yalde, logo em seguida o rio Najerilla e, por volta das 11 da manhã, chegamos a Nájera, bonita cidade banhada pelo rio Yalde e cercada por muros, que foi capital de Navarra até o ano de 1076. Ao lado do rio e em uma linda pracinha, sentamo-nos para descansar e terminar a história que já estava virando novela.

Depois de ouvir o ponto de vista de Pietro e, antes dele, o de Carolina, o velho, agora a par de tudo, pediu ao marido uma oportunidade de conversar melhor com sua esposa, mas sugere que seria melhor que ele deixasse Carolina seguir sua jornada até Santiago de Compostela e que ele voltasse à Itália. As amigas contam que, ao ouvir o pedido do velho, não acreditaram que ele poderia ceder, afinal, já conheciam a teimosia de Pietro. Mas, ao contrário do que elas esperavam, ele cedeu, escolheu acreditar no velho, apesar de temer que sua esposa jamais voltasse para casa. Depois de conversar com o velho, despediu-se de Carolina ali mesmo.

"Ele nos abraçou, a mim e ao velho, e até nos desejou um bom caminho", lembra Rita.

Eu estava ali, na frente daquelas duas peregrinas italianas, atônito com a história que estava escutando. Nas outras sete vezes em que fiz o Caminho de Santiago, ouvi e até presenciei histórias das mais diferentes e surpreendentes, mas esta supera todas.

Elas contam que, depois de se despedir, Pietro tomou um táxi e as duas seguiram caminhando com o velho. "Primeiro, ele me pediu que falasse das coisas boas da minha relação com Pietro", comenta Carolina, e continua. "Falo das viagens, do carinho, da admiração, mostro o tempo feliz que passamos juntos. E, falando nisso, começo a sentir saudades desse tempo e, por consequência, do meu marido."

Entusiasmada com o que havia contado ao velho, Carolina diz que se emocionou ao lembrar que o seu aniversário de casamento se aproximava. "Como em um piscar de olhos, me apaixonei outra vez pelo meu marido a distância."

Fazendo uma retrospectiva sincera e autocrítica, Carolina reconhece que agora acredita que o marido não havia saído com outra. Era uma desconfiança, uma sombra que abalou a relação conjugal e sobre a qual ela teria se fixado, uma crença que poderia ter acabado com uma relação de vinte anos. "Na verdade, pode ter sido uma fofoca. Para ser sincera, eu nunca tirei isso a limpo."

Durante a caminhada, Carolina revela que, depois da conversa com o velho, viveu uma transformação. E, como se fosse uma colegial apaixonada, passou a enviar mensagens pelo WhatsApp com flores para o marido para relembrar o aniversário de casamento, o que ajudou a criar um clima de romance favorável ao renascimento da relação. "Combinamos de nos encontrar em Sarria e caminharmos juntos na última semana", conta Carolina. "Estou ansiosa para encontrá-lo. É assim que estou hoje, é assim que me sinto. E tudo isso ocorreu graças à ponte construída por aquele velho peregrino."

"Falando no velho, em que momento do caminho vocês se separaram?"

Como estava ainda emocionada, Carolina deixa a amiga prosseguir.

"Quando chegamos em Torres del Río, paramos para descansar sob uma árvore, bem na praça. O velho deixou seu cajado e sua bolsa encostados no tronco, dizendo que iria ao bar, a uns cinquenta metros dali. Ficamos descansando e aguardando."

Rita descreve que ficou ali um tempo, com a amiga em êxtase, como se uma sinapse romântica tivesse tomado o seu ser, até que já não encontravam mais uma posição confortável para ficar, e nada de o velho aparecer.

"Foi quando decidi ir até o bar e ver se o velho Santiago estava lá. E, para minha surpresa, ele não estava e, segundo o dono do bar, nem tinha aparecido por lá", disse Rita.

"Mas como, ele não entrou no bar?"

"Sim, entrou. Não entendi como o dono do bar não tinha visto um homem que não passa despercebido por ninguém."

"Agora estamos aqui, nós duas, uma com sua bolsa e outra com seu cajado. Gostaríamos de devolvê-los ao dono", explicou Rita.

Elas contam que, depois daquela experiência estranha, afivelaram as mochilas e caminharam com um passo mais rápido, na esperança de alcançar o velho. Acreditavam que ele se hospedaria no refúgio. Ledo engano. Mesmo assim, seguiram viagem até dormirem em Logroño. Depois disso, é quando recordo avistá-las, de longe, na saída do refúgio com o cajado e com a bolsa marrom.

"Este Caminho é mesmo surpreendente", comento.

"Este Caminho é transformador", acrescenta Carolina.

"E apaixonante", completa Rita.

Diante das impressões do trio, gargalhamos. Já passa de 12h30 quando convido as duas para continuar a caminhada e sentir até onde podemos chegar hoje. Elas agradecem, mas preferem ficar por ali mesmo.

"Chega de emoções por hoje", diz Carolina.

"Compreendo. Mas estou com disposição e acho que vou caminhar mais um pouco, ainda não sei, de repente, até Santo Domingo de la Calzada."

Olhando em seu guia, Rita pondera:

"Nossa, vai caminhar mais 22 quilômetros? São mais cinco ou seis horas!"

"Sim, eu sei. Mas posso parar em algum *pueblo*, dormir em alguma ruína ou até mesmo ao relento."

Abraçamo-nos e beijamo-nos fraternalmente em despedida. Cada um segue sua jornada. Elas se encaminham para o refúgio de Nájera – que fica no monastério de Santa María la Real, datado do século XI – e eu vou em direção a Azofra, onde chego às 13 horas. Encontro o rio Tuerto e percebo que o trajeto tem um pequeno aclive. Cruzo o canal de la Margen Derecha e sigo até Cirueña, local onde chego por volta das 16 horas. Neste trajeto, quase não encontro peregrinos. Vou comigo, refletindo sobre tudo o que ocorreu até agora, principalmente, neste dia com as italianas.

Determinado, uso os ensinamentos de Pablito para chegar mais rápido a Santo Domingo e, provavelmente, a Santiago de Compostela.

ABRAÇAMO-NOS E BEIJAMO-NOS FRATERNALMENTE EM DESPEDIDA. CADA UM SEGUE SUA JORNADA.

Todo caminho é sagrado
@ofilosofoperegrino

Por volta das 17 horas, avisto o vilarejo, onde chego depois das 17h30 e me hospedo no primeiro refúgio, Casa do Santo, com 220 lugares. Devido ao cansaço e ao adiantado da hora, decido só tomar uma ducha e não lavar as roupas. Faço uma pequena sesta e, às 19 horas, participo da missa do peregrino na catedral de Santo Domingo de la Calzada, *"donde cantó la galina después de asada"*. Nessa igreja, há um galo e uma galinha dentro de um reservado e diz a lenda que, se o galo cantar e o peregrino perceber, este chegará a Santiago. Exatamente no momento em que passo na frente do galo, ele canta, confirmando meu desejo. Chegarei a Santiago.

Um pouco depois das 19h30, com o fim da missa, saio ainda um pouco duro das pernas à procura de um restaurante, coisa nada difícil de encontrar. Sento-me à mesa com o russo Sergey, ou Sérgio, com quem troco impressões sobre o Caminho. Ele, um bicigrino, está no percurso há dois dias, e eu no meu sétimo dia, a pé – só que ele começou em Roncesvalles, na Espanha, e eu em Saint-Jean-Pied-de-Port, na França.

Sergey é um jovem claro de olhos azuis. Alto, com quase 2 metros de altura, e uma simpatia maior ainda. Diz que está fazendo o caminho de bicicleta para comemorar a sua formatura em Ciência da Computação e, como ainda não tem emprego, pensa em curtir a jornada sem pressa de chegar.

"Estou aberto a aceitar todos os convites que me fizerem", revela.

"Sério?", pergunto.

"Sim!"

"E alguém já te fez algum convite inusitado?"

"Hum...", pensa ele, "Ainda não. Mas um senhor de barba e cabelos longos, cajado e capa preta disse que era para eu visitar o Valle del Silencio."

"Vale do Silêncio? Olha, já fiz sete vezes o Caminho, portanto, esta é minha oitava vez, e jamais ouvi falar nesse lugar", falo, curioso e surpreso.

"Encontrei esse senhor anteontem à noite em Logroño", explica Sergey. "Eu estava procurando um hostel, pois queria dormir mais tranquilo. Sem que eu falasse nada, ele apontou o caminho e disse: 'O que procura está nesta direção; a 80 metros, à direita'."

Dizendo-se surpreso, o peregrino russo lembra que agradeceu ao velho, que estava em pé, escorado na perna esquerda junto à parede de uma casa de pedra. Sem descer da bicicleta, mas diminuindo a marcha, Sergey lembra que, enquanto passava na frente do velho, ouviu a seguinte pergunta: "Vai a Santiago?".

Sergey respondeu que sim. Foi quando o velho se posicionou sob as duas pernas, apoiou as duas mãos no cajado, fez um movimento no corpo para trás, arrumando a bolsa nas costas, e sugeriu: "Vá conhecer o Vale do Silêncio e, se possível, pernoite na caverna de San Genadio".

Quando a gente se abre para o Caminho, o Caminho se abre pra gente, penso, sentado à mesa com o bicigrino russo Sergey. Outra vez, quero obter mais informações sobre o velho, meu foco.

"O que mais ele falou?"

"Enquanto ele fazia a sugestão de visitar o Vale do Silêncio, eu passava na sua frente. Inexplicavelmente, quando não conseguia mais acompanhá--lo com o canto do olho, viro a cabeça para olhar melhor e ele não estava mais lá. Acredita?"

"Sim, eu acredito."

"Sabe, amigo peregrino, confesso que já não sei se isso foi real ou se é um devaneio, efeito do Caminho sobre a nossa mente", confidencia, confuso.

Quando ele fala dos efeitos do Caminho, provavelmente está se referindo aos hormônios secretados na corrente sanguínea pelas glândulas suprarrenais, como adrenalina e noradrenalina, que ajudam a regular os níveis de sódio, potássio e água do organismo, o metabolismo dos carboidratos e a resposta do corpo em situações de estresse. A caminhada gera ainda outro efeito: a produção, pelo cérebro, de hormônios como dopamina, serotonina, endorfina e ocitocina, conhecidos como os hormônios do prazer, essenciais ao desempenho de diversas funções físicas e psicológicas. São as tais "inas" da alegria e da felicidade, substâncias químicas relacionadas às sensações de motivação, alegria, euforia e bem-estar.

"Sinceramente, amigo, a dica do velho te pareceu um sonho, uma loucura?"

"Não. Tudo foi muito real para mim."

"Então vamos pesquisar e logo saberemos se existe esse vale ou não. Mas, para isso, teremos de sair do silêncio", brinquei com ele, fazendo uma referência ao nome do lugar. Gargalhamos e tocamos nossas taças de vinho tinto. "Saúde!"

Por volta das 20h30, encerramos nosso jantar e nos despedimos, desejando um bom caminho. É que Sergey está hospedado em um refúgio diferente do meu. Como é ciclista, provavelmente não nos encontraremos mais neste Caminho, já que ele pode percorrer de 60 a 80 quilômetros por dia e eu, no máximo, 35 a 40 quilômetros. Se de curva em curva, de morro em morro percorremos o Caminho, é de encontro em encontro, de amizade em amizade que o vivenciamos. E sem apegos, pois este é um dos fortes causadores dos nossos sofrimentos.

Antes das 21 horas já estou de volta ao refúgio, com aquele nome martelando na minha cabeça: Vale do Silêncio. Dentro do meu saco de dormir, começo a refletir se o local indicado pelo velho não seria na região de Logroño, onde o velho encontrou o peregrino russo. Uma grande dúvida toma conta do meu pensamento, uma incerteza, um vazio por não saber se estou no caminho certo. Sem controlar o turbilhão na minha mente, relembro a palavra "mérito", trazida pelo padre Mattia e pelo Pablito: "Atente aos méritos e vai encontrar o velho".

Será que eu terei essa bênção?

ENTRE MIM E
O OUTRO EXISTE
UM INFINITO SAGRADO.
DIANTE DO OUTRO,
NADA SEI. QUANDO DIGO
QUE O CONHEÇO,
NEGO O OUTRO,
O OUTRO É SACRALIDADE,
É RELIGIÃO.

Cada um faz seu caminho

"Vamos acordando, peregrinos. É hora de começar a caminhar. Já estão atrasados." Ouço a frase repetidas vezes. É uma voz masculina e rouca, parece de um idoso. Vou me virando na cama e aos poucos percebo que havia dormido profundamente por mais de dez horas. O idoso toca levemente uma mão na outra como se estivesse batendo palmas, mas é um toque suave. Já me sentindo realmente em vigília, vejo que passa das 8 horas da manhã e que não estou sozinho no quarto. Identifico pelo menos mais um peregrino, além de mim.

Espreguiço-me despreocupadamente para um lado, para o outro. Fico de barriga para baixo na cama e aproveito para alongar as costas levando as duas mãos lá na frente e colocando o peso do corpo sob os dois joelhos dobrados. Sento-me calmamente na cama com os dois pés no chão, tronco e cabeça levemente inclinados para fora da cama, calço as botas, recolho o saco de dormir e preparo a mochila para reiniciar a jornada do dia.

Observo o outro peregrino retardatário, como eu, e noto que é um jovem senhor, encolhido em posição fetal na cama de baixo, logo à minha frente. Barbas curtas, presumo que esteja há um ou dois dias sem cortar. Cabelos curtos e, obviamente, despenteados, olhos entreabertos. Parece estar em outra frequência. Dou uma rápida escaneada na situação ao seu redor. Seu equipamento tem visual e até cheiro de novo e seu *stick* de alumínio ainda tem uma etiqueta da loja colada. Até mesmo as meias que descansam em cima das botas parecem não ter o caruncho normal adquirido pelos dias consecutivos de caminhada, e por não conseguirmos lavá-las corretamente, é verdade. Ele está imóvel e contraído dentro do saco de dormir. Mexe apenas o olho, entreaberto.

"Bom dia, peregrino!", dirijo-me de maneira aberta e alegre.

Lentamente, ele se escora no cotovelo esquerdo, levanta um pouco a cabeça, abre um pouco mais os olhos e me responde com uma voz triste, falando em um espanhol arranhado.

"*Buenos días*, peregrino."

Antes de termos tempo de entabular um diálogo, o hospitaleiro retorna ao quarto e agora, mais direto, avisa:

"Queridos peregrinos, a regra do nosso refúgio é que todos têm que deixar o espaço até às 8 horas, pois teremos que limpá-lo e prepará-lo para receber os próximos hóspedes, que começam a chegar às 13 horas. Já se passou um quarto das 8 horas e vocês têm de sair imediatamente, compreendem?"

Aquele aviso é praticamente uma ordem para mim. Agilizo minha arrumação e, ainda meio improvisado, com coisas nas duas mãos, decido terminar de ajeitar a mochila fora do refúgio, debaixo do sol que começa a aparecer. Quando saio, ouço o senhor se dirigir ao peregrino que ainda está no quarto: "Compreendo sua situação, mas hoje o senhor tem de deixar nosso refúgio".

Fico imaginando do que se trata: será que ele está doente? Será que desistiu de fazer o Caminho? Será que está cansado? Enfim, o que está acontecendo com aquele peregrino? Diante de tantas possibilidades, decido não me prender a nenhuma e sigo minha jornada livremente. Afivelo a mochila às costas, dou uma olhada rápida no meu guia e constato com certo alívio que não terei nenhum morro íngreme no trajeto de hoje.

São quase 9 horas da manhã quando deixo Santo Domingo de la Calzada. Sigo por uma estrada de chão e à direita, paralela ao caminho, está a *carretera*. Caminho lentamente, aguardando que o corpo aqueça para aumentar o ritmo. Faço esse mesmo ritual diariamente para evitar lesões.

Passo pelo rio Oja e, antes das 11 horas, já estou em Grañón, onde avisto a torre da igreja de San Juan Bautista, do século XVI. Nesta manhã, percebo que minha mente não está tão obcecada por encontrar o velho. Não sei se já estou deixando a fase do corpo, em que tudo dói, e entrando na fase da mente, na qual já não sinto mais dores físicas e concentro-me mais nos pensamentos. Sinto-me mais pleno no caminho. Mantenho meu foco em encontrar o velho e desmistificar essa história, quero responder a todas aquelas perguntas que me trouxeram pela oitava vez ao Caminho de Santiago. Neste momento, impossível não pensar em uma questão principal: "Será que vou conseguir respondê-las?".

De Grañón, sigo motivado até Redecilla del Camino, onde chego depois das 11h30. Saio deste simpático vilarejo pela *calle* de las Cercas no cruzamento com a *carretera* N-120. A estrada é de terra até Castildelgado. Já passa do meio-dia quando chego ao vilarejo. O sol está forte, e resolvo parar para descansar. Aproveito para alongar e abastecer minha garrafa de água potável. Recomeço minha jornada. Sigo sozinho, caminhando nesse trajeto até que observo à minha frente, ainda longe, um peregrino que vai em um passo mais lento que o meu. Imagino que ele deva ter me ultrapassado enquanto eu estava à procura de água. Aos poucos, me aproximo e percebo que é o homem que vi deitado no refúgio em Santo Domingo de la Calzada.

Penso em puxar conversa, mas opto por entrar no vilarejo de Viloria de Rioja e me encontrar com o amigo Acacio e sua companheira Orietta. De longe, Acacio me avista e, de braços abertos, vem ao meu encontro. Depois da recepção afetuosa, convida-me para um lanche e um descanso na mesa que fica em frente ao refúgio. A hospedaria de Acacio é um daqueles lugares que conserva toda a tradição de um "hospital de peregrino". Por isso, o nome hospitaleiro cai muito bem ao amigo Acacio e à amiga Orietta. Com um sorriso largo e uma bandeja na mão, Orietta nos presenteia com uma xícara de café e um bolo de milho ainda quentinho, que acabou de assar.

Sentados ao sol, abro meu coração ao amigo Acacio da Paz, um brasileiro que conhece como poucos os mistérios do caminho. Falo para ele da minha busca pelo velho Jacob – James, Jacques ou Santiago – e dos sonhos e visões que me acompanhavam nesta jornada. Pergunto se parecem fazer sentido para ele todas essas experiências singulares. Acacio, de voz mansa e um carregado sotaque carioca, misturando palavras em português e espanhol, diz que sim, que faz muito sentido, inclusive ele mesmo já ouviu muitas histórias parecidas com as que eu acabara de contar.

"Amigo Beto, há algum tempo temos um grupo que estuda os portais do Caminho e concluímos que algumas das igrejas e catedrais católicas foram construídas sobre antigos templos celtas. Há até antigas ferramentas que são usadas para identificar essas energias. Alguns peregrinos sensitivos conseguem identificar esses locais onde se encontram esses portais. Muitos fenômenos não explicados pela ciência têm provocado espanto aos que resolvem se aprofundar no estudo desses fenômenos.

"Há relatos em Jaca, por exemplo, onde se encontra o primeiro portal, de que peregrinos teriam desaparecido por um tempo e reaparecido em um outro local. No Alto del Perdón, onde se encontra um outro portal, há relatos de fenômenos semelhantes e também de experiências espirituais inexplicáveis. Assim como na cruz de Atapuerca, no Alto de Mostelares, Monte Irago, Manjarín, o Cebreiro e também San Xil.

DIANTE DE TANTAS POSSIBILIDADES, DECIDO NÃO ME PRENDER A NENHUMA E SIGO MINHA JORNADA LIVREMENTE.

Todo caminho é sagrado
@ofilosofoperegrino

"Em San Xil, há diversos túmulos celtas e ainda se preservam rituais druidas. Em 2016, um médico brasileiro relatou ter vivido uma experiência espiritual inexplicável. Mesmo sendo ateu, jura ter conversado com seu pai, que dias antes havia falecido. Outros relatos parecidos com esse foram confidenciados a mim e a Orietta por peregrinos que aqui pernoitaram. Alguns portais são como pontes que levam pessoas desse mundo para o mundo espiritual, e há portais como o de San Xil, em que as experiências relatadas são de espíritos que atravessam de lá para cá. Mistérios, meu amigo, mistérios. Nós já estamos acostumados, depois de décadas como hospitaleiros."

Depois de saborear um ótimo café com mistura, ele conclui dizendo: "Siga com a sua busca e, se puder, vá até Finisterre, no cabo Touriñán, e também a Barcelona, no cabo Creus. Vai se surpreender com os relatos de antigos moradores desses povoados".

Ainda com certa confusão mental, mas cheio de esperança, despeço-me de Acacio com um afetuoso abraço, convencido de que existe algo mais.

Quando eu já estou subindo o morro que dá acesso ao caminho, ele grita de longe: "Mateus 7, 7 é a tua resposta".

Sigo minha jornada, passando pela igreja de Viloria de Rioja, exatamente às 13 horas, quando o sino toca para me lembrar do horário. A tradição afirma que, neste vilarejo, em 1019, nasceu são Domingo. Silenciosamente, entro para uma visita na imponente igreja. No segundo banco, vejo um peregrino cabisbaixo, ausente, como se não estivesse ali naquele corpo.

"Olá, peregrino!"

Lentamente, ele se mexe e fica parcialmente virado para trás. Percebo que não está me olhando direito, mas deduz quem eu seja. "Ah, é você", balbucia, com uma voz sem energia e a conversa fica por isso mesmo.

Diante da negatividade daquele senhor, que destoa dos outros peregrinos com quem me encontrei no caminho, penso em deixá-lo na dele e seguir adiante. Mas, quando passo ao seu lado, ele se levanta e me acompanha até o altar da igreja. Então, pergunto:

"Encontramo-nos no refúgio em Santo Domingo, não?"

Ele levanta um pouco a cabeça e, me olhando de baixo para cima, confirma com um simples "sim". Isso confirma o que eu já sabia. Vejo que ele baixa a cabeça e segue sua caminhada em direção à porta da saída. Ao seu lado, faço o mesmo, mas não consigo deixar de imaginar o que está afligindo esse peregrino de quem não sei o nome, a nacionalidade ou o porquê de fazer a peregrinação nesse estado de espírito.

Sobre o banco, avisto uma Bíblia sagrada. Não me contenho e abro em Mateus 7, 7: "Pedi, e dar-se-vos-á; buscai, e encontrareis; batei, e abrir-se-vos-á". E, no versículo 8: "Porque, aquele que pede recebe; e o que busca encontra; e, ao que bate, abrir-se-lhe-á". Aquelas palavras aquietaram meu coração. "Ao que bate, abrir-se-lhe-á a porta." Só me resta descobrir onde se encontra essa porta, ou essas portas.

Desço as escadas da igreja e estou prestes a seguir minha jornada quando sou interrompido pelo chirriar da coruja pousada sobre a cruz no alto da catedral que mirava ao oeste por onde passa a trilha do Caminho de Santiago. Nesse momento, algo me impele a puxar conversa com aquele triste peregrino.

"Está tudo bem com você, peregrino?", uma pergunta despretensiosa, mas o atingiu como uma flecha, com o impacto de um empurrão, como um catalisador.

"Tudo bem? Tudo mal. Estou cansado, muito cansado. Tenho fortes dores nos pés, na coluna, na lombar. Se eu te contar quantas bolhas já tenho! Meus braços adormecem do nada, meu pescoço às vezes endurece e minha cabeça lateja de tanta dor. E você me pergunta se estou bem?", desabafa o senhor grisalho de meia-idade e estatura média.

Fico meio alterado, meu coração bate mais forte, sinto um calor no corpo. Eu esperava uma resposta, um diálogo, mas não dessa maneira.

Mesmo desconsertado, não deixo de perceber que passamos pelo arroio del Valle e seguimos pela estrada de terra, paralela à *carretera*. Na minha experiência como peregrino, tanto aqui na Europa como em outros

FICO MEIO ALTERADO, MEU CORAÇÃO BATE MAIS FORTE, SINTO UM CALOR NO CORPO. EU ESPERAVA UMA RESPOSTA, UM DIÁLOGO, MAS NÃO DESSA MANEIRA.

Todo caminho é sagrado
@ofilosofoperegrino

lugares do Brasil e do mundo, jamais tinha visto um peregrino tão triste, com uma energia tão ruim. Minha vontade é seguir adiante na minha caminhada, sozinho. Mas, não sei se por compaixão ou por me sentir desafiado por ele, tento ajudá-lo.

"Algum problema específico?"

"Algum problema específico? Muitos!" E prossegue, sem tomar fôlego: "Vim para essa droga de Caminho de Santiago para me procurar, para me buscar, para sentir a vida correndo nas veias e, em troca, o que eu vivo: só problemas, só decepções, só coisas ruins. Não aguento mais tanto sofrimento. Qual o sentido de passar tanta sede, fome, tanto frio e calor? Não preciso sofrer assim para ganhar o céu, preciso?".

Sigo calado, caminhando ao lado daquele peregrino incomum. Ouço as nossas passadas lentas e ouso pensar que sinto até a respiração ofegante do meu colega. De repente, ele continua:

"Não suporto ver tanta gente alegre. Pura falsidade. Não acredito nelas, estão dissimulando, estão se enganando. Estou no mesmo Caminho, faço as mesmas coisas e não encontro nenhum momento de felicidade."

"Compreendo."

É fácil entender por que ele estava sem forças para sair da cama hoje cedo. No meu íntimo, procuro descobrir a causa de tanta amargura. Até tenho alguns palpites, mas não há como saber se estou certo, sem continuar a nossa conversa. Na busca de uma aproximação afetiva por seu solo sagrado e tentando quebrar o gelo, estendo minha mão e me apresento, falando meu nome. Sem olhar para mim, e por isso sem estender a mão, ele se apresenta de maneira seca.

"Bhoyd, de Nova York."

Já sei seu nome e sua origem. Entendo também o porquê daquele espanhol arrastado. Mas ainda não consegui entender a razão para tanto "azedume", como se diz na minha terra – até porque o caminhar provoca uma transformação fisiológica endócrina, interna, com resultados benéficos.

Ao caminhar, secretamos as já citadas "inas" da alegria e da felicidade. Mas, neste ser que anda ao meu lado, parece ocorrer o contrário. Por quê?

Pouco depois das 14 horas, chegamos em Villamayor del Rio, pequena vila com um bar. Bhoyd sequer nota que estamos passando por um *pueblo* e que aqui há locais onde poderia comprar algum alimento, tomar um café ou encher seu cantil de água. Segue de cabeça baixa, sem notar o percurso. Como não quero ser invasivo, sigo ao seu lado, calmo e em silêncio. Novamente, ele quebra a calmaria.

"Disseram que o Caminho era lindo, que tinha flores, pessoas legais e bonitas, bons papos. Tudo mentira! O Caminho é feio, para não dizer horrível. Provoca bolhas nos pés, não só de água, mas de sangue também. As pessoas são muito chatas, todas cheiram mal, têm chulé, roncam, soltam gases nos refúgios, um mau cheiro insuportável. Onde está a beleza do Caminho?" Ele levanta rapidamente a cabeça na minha direção, como se esperasse uma resposta.

Diante do meu silêncio, Bhoyd continua o desabafo:

"Garantiram que o Caminho falava com a gente, que era libertador. Que eu encontraria o meu mestre interior e que tudo que ocorresse seria de grande valia para a minha vida. Mentira! O Caminho é mudo e eu estou preso neste trajeto só esperando chegar ao final. Não encontrei meu mestre nem acho que mereço sofrer tanto para viver melhor."

Concluo, por ora, que aquelas palavras são de uma pessoa que estava ainda na fase do corpo e que não foi preparada para enfrentá-la. Entendo que tudo o que ele está passando é normal, mas a dor pode ser uma aliada e não uma inimiga, e que é dessa forma que o Caminho se manifesta, só que ele não estava ouvindo. Ele está passando por aquele momento em que intimamente nos perguntamos: o que eu estou fazendo aqui? Mas, com sabedoria, enfrentando o corpo, logo se acessa um portal que nos conduz à segunda fase, a da mente. Não há como entrar na fase da mente sem passar pela do corpo.

Mais um tempo de silêncio. A esta altura, passamos da entrada de Fresneña e seguimos nossa caminhada um ao lado do outro.

"Eu não preciso de tanta humilhação nos refúgios: dividir quartos com dezenas de pessoas, banheiro e chuveiro com gente que nunca vi e que pode transmitir doenças. Não, eu não preciso disso. Por isso, só fui a dois albergues e não vou a mais nenhum. O de Santo Domingo de la Calzada foi o último. Chega!"

Nas proximidades de Belorado, atravessamos o arroio de Trambasaguis e temos de deixar a estrada de chão, à esquerda da *carretera*, para passar para o lado direito. Justamente aqui, encontramos um gostoso parque, onde decidimos parar para descansar. Enquanto colocamos nossas mochilas sobre os bancos, Bhoyd questiona:

"Você tem uma visão diferente do Caminho?" Seu tom já é menos agressivo.

Essa pode ser a minha deixa, penso.

"Esta é a oitava vez que faço o Caminho de Santiago e minha visão hoje é bem diferente da tua, amigo peregrino", respondo com compaixão, olhando em seus olhos. "Mas confesso que lá atrás, em determinadas situações, via o Caminho de uma forma muito parecida com a tua."

Conto para Bhoyd um pouco da minha "estreia" no Caminho. Da fase do corpo, da fase da mente, da fase espiritual, das experiências singulares, da minha vida pessoal antes e depois do Caminho, das transformações que vivenciei.

Bhoyd está sentado no banco ao lado. As duas mãos seguram sua cabeça, cotovelos firmes nos joelhos. Claramente, ele está pensando no que eu disse: a experiência dele, tão azeda, a minha, libertadora. Tentando usar a técnica do velho, peço para ele contar sua história a partir de sua primeira lembrança de infância. Fico ali ouvindo sua história por mais de uma hora, sem dizer nada, sem interrompê-lo. Quando ele conclui, não me contenho e pergunto:

"Se para ti o Caminho é desse jeito, por que continuas caminhando?"

"Minha vontade é parar. Desde o primeiro dia. Só não parei porque encontrei uma pessoa, ainda na subida do Alto del Perdón, em Pamplona, que me falou algo que ainda reverbera dentro de mim e me motiva a continuar neste caminho de tristeza", comenta.

"Que pessoa?" A curiosidade toma conta de mim.

"Exatamente, não sei. Sequer sei o seu nome, mas o que ele me falou fez toda a diferença e é, talvez, o que me segura no caminho."

"Era jovem ou velho?"

"Um senhor de longas barbas brancas, cabelos grisalhos e compridos, usava um chapéu de palha, capa preta, tinha um cajado de uma árvore fina, uma bolsa marrom e uma espécie de bata da mesma cor. Uma pessoa bem diferente de todas as que encontrei até agora por aqui. O engraçado é que só o vi uma vez, bem rápido, e não o encontrei mais. Sabe, você tem uma atitude meio parecida com a dele."

"Entendo", minha curiosidade está cada vez maior. Tudo a respeito do velho, minha busca nesta jornada, me fisga.

"E o que ele falou?"

"Ele disse algo assim: 'Não desista, peregrino. Caminhe até Santiago, que lá toda a tua jornada vai fazer sentido'."

"Só isso?"

"Não. Ele fez mais algumas perguntas, nas quais não vi nexo."

"Que perguntas, amigo peregrino?"

"Ele me perguntou como estavam meus familiares e eu respondi que estavam muito bem. Pediu para eu contar minha história de vida. Depois, perguntou sobre minha empresa, e eu disse que estava tranquila sem mim. Sobre meus pais, disse-lhe que os dois ainda vivem e que vão completar cinquenta e três anos de casados no próximo verão."

Enquanto Bhoyd fala, percebo que sua exposição era a de alguém que estava se dando conta de algo, pois ele fala lentamente e seus olhos olham para a direita como se buscassem alguma informação na mente. Ele continua, sem se dar conta do que se passa.

"Ele falou pouco, e o mais interessante é que me perguntava muitas outras coisas, sempre mostrando o lado positivo, levando-me para cima, e eu não percebia", constata ele.

Bhoyd experimenta um belo *insight*, em que se dá conta de que estava fixado na negatividade, sem perceber as outras coisas interessantes da vida e do caminho.

"Enquanto me fazia as perguntas, o velho mexia em uma folha de papel em branco e, antes de partir, dobrou-a em quatro, me entregou e disse: 'Olhe para cima, peregrino'."

Em um gesto rápido, Bhoyd retira a folha da pochete e me mostra.

"Ainda está fechada. Não abristes?", quero saber.

"Não. Não me motivei a abrir. Nem sei por que guardei este papel", diz ele, agora com vontade de compartilhar comigo a descoberta e ver o que o velho havia escrito. "Um papel em branco?", comenta, surpreso, e, em seguida, acrescenta: "Não! Não está em branco, tem um pontinho preto bem no centro dele. O que quer dizer?".

Emocionado, acompanho aquela cena com os olhos quase lacrimejando, pois observo um processo ocorrendo bem na minha frente. Falta apenas o dar-se conta final de uma tradução. Fico admirado com a sabedoria daquele velho senhor, que por onde passa deixa um rastro de vida e um legado de cuidado. Aquele senhor que procuro é a compaixão em pessoa.

Continuamos caminhando em uma paz absoluta. O silêncio é terapêutico. Bhoyd reflete sobre a profundidade do seu encontro com o velho. O diálogo foi breve, mas suas consequências ainda reverberam dentro do seu ser. Enquanto andamos por ruas apertadas antes de chegar ao albergue paroquial de Belorado, ele decide parar debaixo de uma árvore e começa a falar sozinho em um tom quase inaudível.

AQUELE SENHOR QUE PROCURO É A COMPAIXÃO EM PESSOA.

Todo caminho é sagrado
@ofilosofoperegrino

Depois de algum tempo, Bhoyd está de olhos fechados e parece meditar. Pergunto se ele sabe para onde o velho teria ido. Ele interrompe minha fala e amorosamente comenta: "Agora eu sei... Fiquei parado, estagnado, caminhei olhando para baixo, adicionando só as coisas ruins, foquei um problema que eu julgava ser tudo, agora ele se dilui e eu o vejo diferente". E continua: "Depois de falar comigo, o velho seguiu na frente e logo o perdi de vista, mas sua mensagem ainda está aqui dentro de mim. Você conhece o velho?".

Fiquei alguns instantes pensando em como responder à pergunta de Bhoyd. Eu conheço o velho? Não e sim, poderia responder. Mas decido ficar em silêncio. Não respondo nada. Prefiro a omissão à mentira. Coisa que passa despercebida pelo peregrino, que logo aponta para uma parada de ônibus bem em frente ao parque e diz:

"Olha! Uma parada de ônibus. Antes da nossa conversa, provavelmente eu avaliaria que este seria um sinal para que eu voltasse para casa", fala em um tom pouco convicto. "Mas agora começo a refletir sobre tudo o que o velho falou e sinto-me mais inteiro, mais alegre, pois percebo que estava focado nas bolhas e não conseguia ver as flores."

Intrigado com a transformação, questiono: "Como você se deu conta disso?".

"Simples. Como um cego, eu não vi que aquele ponto era apenas um ponto em uma folha e que a vida é muito mais que um ponto, que o Caminho é muito mais que bolhas ou dores. Agora, vejo o que não via. Percebo o que não percebia. Eu estava só olhando para este ponto preto no centro da folha", mostra o papel, "mas, na verdade, a folha não é o ponto preto, é todo este branco. A vida pode ser uma página em branco, sinto que posso fazer diferente a partir de agora. Sei que aqui inicia verdadeiramente meu caminho, meu caminho contemplativo." E abre um sorriso de quem havia se encontrado neste plano.

Sinto que é hora de partir. De seguir minha jornada. Não rumo a Santiago de Compostela, mas ao encontro deste velho, que me fascina mais a cada dia. Assim, cumprimento Bhoyd, desejando-lhe um bom caminho. E agradece intensamente por minha contribuição em sua jornada existencial. Deixo-o ali com a sua eureca e sigo atrás da minha. Vou em um estado de felicidade indizível, por ver acontecer à minha frente a transformação de um homem que mudou o seu sentido de caminhar e, como consequência, seu significado de viver.

Já passa das 16 horas quando chego ao albergue paroquial, ao lado da igreja de Santa María, no centro de Belorado. A hospedaria está lotada e preciso seguir adiante, mais alguns quilômetros, até encontrar um albergue. Consulto meu guia e avalio minhas possibilidades. Compro mais suprimentos em um mercadinho antes de sair da cidade, sementes, suco, frutas, pão e queijo.

Sigo por uma estrada de chão até chegar a Tosantos, um simpático *pueblo* com apenas 57 habitantes. Hospedo-me no albergue São Francisco de Assis e, depois de me instalar, participo da celebração das 18 horas na igrejinha incrustada na rocha, a 500 metros dali. Nas sete vezes em que estive aqui, sempre admirei o pequeno templo incrustado na montanha, mas nunca havia entrado. Eis a grande oportunidade.

Meu entusiasmo é maior que o cansaço. Subo lentamente o morrinho e chego minutos antes da missa. A entrada da igreja é toda de pedra, e uma bonita abóboda acolhe os devotos. Bem acima, dois sinos antigos. A porta está aberta e junto-me aos outros presentes.

A celebração se desenrola normalmente até que, na comunhão, vejo na fila da frente, próximo ao altar, uma jovem peregrina com o cajado e a bolsa marrom a tiracolo, iguais aos do velho que almejo encontrar. Contenho-me. Observo. Com o fim da missa, saímos todos juntos, e noto que ela vai ao mesmo albergue que eu.

Por volta das 19h30, inicia-se o jantar comunitário. A jovem senta-se do outro lado da mesa. Como parte da cerimônia, os 26 peregrinos se apresentam, e descubro que a jovem, magra, baixa e de cabelos curtos,

Cada um faz seu caminho

é sul-coreana e chama-se Whon. Durante o jantar, eu não tirava o olho dela e quando, em dado momento, ela percebeu, fiquei constrangido. No fim, ela se voluntaria para lavar a louça. Imediatamente, também sinalizo para o hospitaleiro, que seleciona nós dois para a tarefa.

Na cozinha apertada e com uma única torneira, quase sem pressão, que parece estar entupida, iniciamos a conversa com trivialidades. Mas quase não consigo me conter. Estava ansioso para obter mais informações sobre o velho, sobre como tinha conseguido o cajado e a bolsa. Aos poucos, consegui introduzir o tema.

"Usas cajado? Quanto pesa tua mochila?"

"Estava caminhando com mochila de 5,5 quilos e sem cajado, mas, desde ontem, comecei a usar um cajado de uma árvore nativa", responde ela, de forma meiga.

Nada discreto, quero logo saber de onde surgiu o cajado.

"É uma longa história. Mas, resumindo, ganhei de um velho."

"Sério?", pergunto, dissimulado.

"Sim. Uma pessoa enigmática. Eu estava deitada debaixo de uma árvore para descansar um pouco e me proteger do sol quando ele pediu para se sentar. Começamos a conversar sobre o Caminho e sobre peregrinar, coisas comuns. E então ele disse para eu estar exatamente onde meu coração e minha mente estavam, ou seja, alinhar mente, corpo e espírito. Pediu para que eu prestasse atenção na velocidade dos meus pensamentos e me ensinou uma maneira de conectá-los. Depois disso, pediu-me um pouco de água, disse que iria observar melhor a região e deixou o cajado e a bolsa ao meu lado. Meia hora depois, ele ainda não tinha voltado. Procurei por perto e nem sinal dele."

"Tens certeza que isso realmente aconteceu, não foi um sonho?", especulo.

"Como um sonho, se eu tenho o cajado e a bolsa?", devolve a peregrina sul-coreana.

Enquanto eu lavo a louça, ela seca. Ficamos em silêncio e, assim, o trabalho rende mais. A quantidade de pratos, copos e talheres é tão grande que nos mantém ocupados por um bom tempo. Enquanto cumprimos a nossa tarefa, os outros peregrinos estão no andar de cima do albergue participando de uma celebração com mantras, incensos e meditação.

"Só me diz uma coisa. Vistes o que tem dentro da bolsa?"

"Não vi e não vou deixar ninguém ver", adianta ela. "Procuro o dono para devolver."

"Tens ideia do que ocorreu?"

"Talvez ele tenha ido meditar, observar uma flor, um pássaro e, dali, teve de sair para cuidar de alguém e deixou as coisas comigo. Também intuo que vou encontrá-lo e poder devolver o que lhe é de direito."

Pelo que vi até agora, concluo que ninguém abriu a bolsa deixada pelo velho. Mas é impossível não querer saber o que está dentro. Novamente, preciso me conter e, assim, respeito a vontade da jovem peregrina oriental, que fala do Caminho como quem fala de um velho amigo.

Depois de lavar a louça, nos recolhemos às nossas camas, um longe do outro, em um grande quarto com todos os peregrinos. Passa das 21h30. Enquanto me ajeito no saco de dormir, reflito sobre os últimos acontecimentos envolvendo o velho Jacob, James, Santiago. Curioso que ele chega e sai sem deixar rastro e sempre tem uma mensagem, algo bonito e que marca cada um que encontra. Esse pensamento me anima a continuar no Caminho.

QUANDO ACEITO
MINHA JORNADA EXISTENCIAL,
O CAMINHO SE APRESENTA
E PASSA POR MIM.
NÃO SOU MAIS
UM PEREGRINO,
SOU O PRÓPRIO CAMINHO.

Um caminho ressignificado

Acordo com o barulho de alguns peregrinos enrolando o saco de dormir. Olho para o relógio: 6h15. Descansado e cheio de energia para seguir a minha saga no Caminho de Santiago, decido levantar-me também. O clima está um pouco mais frio do que nos outros dias e logo descubro o porquê. Chove. Não é uma chuva torrencial, mas é mais intensa que uma garoa, obrigando-me a vestir polainas e capa de chuva. Aproveito e levo algumas folhas de jornal na mochila para ajudar a secar minhas botas no próximo refúgio.

Antes das 7 horas, já estou no Caminho e sinto-me muito bem. Reflito, mais uma vez, se esta minha pretensão de encontrar o velho já não se tornou uma obsessão. Às vezes, penso que sim. Outras, acredito que pode ser uma busca, um farol imaginário, que me motiva a seguir em frente. Subo um pequeno morro ao passar por Villambistia e Espinosa del Camino. Estou tão concentrado sob minha capa de chuva que quase nem vejo as ruínas do monastério de San Felices. Antes das 9 horas, já estou em Villafranca Montes de Oca, onde paro para fazer um lanche reforçado. A subida a seguir é pesada, e a próxima etapa até San Juan de Ortega tem mais 12 quilômetros. É um trecho difícil e com poucos suportes para peregrinos.

Por volta das 9h30, retomo o percurso e vejo poucos peregrinos à frente e atrás de mim. Tenho a impressão de que, em dias de chuva, o número de peregrinos diminui, o que é compreensível. Enfrento um aclive até chegar a quase 1.200 metros de altitude. No pé do morro, constato que estou quase 800 metros acima do nível do mar. Quando chego em cima do morro, onde o caminho é mais plano, vejo, ao longe, um casal de alces com dois filhotes atravessando a trilha e desaparecendo na mata. Em alguns pontos do trajeto, os carvalhos centenários se encontram nas copas, formando um aconchegante túnel verde, um bálsamo refrescante para nós peregrinos nos dias de sol e um enorme anteparo nos de chuva fina.

O silêncio toma conta do caminho, ouço apenas o som das gotas de chuva caindo sobre o meu corpo. Experimento uma espécie de transe e, por quase três horas, caminho para dentro de mim. Quando retorno à realidade, sinto frio. Minhas meias e botas estão completamente encharcadas. O monumento erguido no topo do morro, em lembrança a dezenas de mortos em um massacre durante a ditadura de Franco, me tira daquele estado de meditação profunda.

O vento é cortante e a chuva chega a vir de lado. Preciso me abrigar com urgência. Sigo em direção ao albergue. A trilha está completamente tomada por um lodo vermelho e em alguns lugares formam-se atoleiros, dificultando ainda mais a caminhada.

Por volta do meio-dia, quando chego ao albergue em San Juan de Ortega, uma moradora me avisa que o local está em reforma. A chuva aumenta consideravelmente e não consigo enxergar 5 metros à minha frente. Sento-me debaixo de uma marquise e reflito sobre a situação. O padre Andreas, pároco da localidade, aparece caminhando, vê-me tremendo de frio, fica preocupado e me avisa que a previsão é de chuva até o dia seguinte, sem trégua. "Se pretende seguir, sugiro tomar um táxi, amigo. Pode ter hipotermia", diz. "Outra coisa, esse seu cajado não vai caber no táxi, acho melhor deixá-lo no albergue para outro peregrino."

O mais difícil não é quebrar o meu "pré-juízo" de que o caminho se faz caminhando e não de táxi, mas, sim, desapegar-me de um objeto com grande valor sentimental, um presente do amigo Pablito.

No muro à minha frente, uma pintura com fundo vermelho e letras brancas informa: táxi. Logo abaixo, um número de telefone. Era o sinal que eu esperava.

No alto da torre, no sino da catedral, uma coruja se protege do aguaceiro.

Jesús, o motorista, demora quarenta e cinco minutos para vir me "salvar" na pracinha defronte à igreja. Quase encaranguei aguardando sua chegada.

"Desculpa, senhor. Estava voltando de Rabé de las Calzadas, onde deixei dois peregrinos."

"Tudo certo, amigo. O mais importante é que não me deixaste na mão."

"Jamais, senhor. Esse é o meu trabalho, meu sacerdócio", ressalta o motorista.

Dou graças mais uma vez a Deus e ao motorista Jesús por aquele banco macio e pela calefação do automóvel. Ele assenta a mochila e as roupas de chuva no porta-malas do carro, entra e senta-se ao meu lado. Gentilmente, me empresta uma toalha de rosto seca e cheirosa e, com um largo sorriso, diz: "É para se secar, está molhado. Vou aumentar a temperatura do aquecedor".

Nossa! Que simpatia. Jesús é um senhor de 60 anos, careca, com um grande bigode pintado de preto. A barriga encosta no volante e as calças estão presas ao suspensório. Estranhamente, ele usa suspensório e cinto. Ele percebe que reparei no detalhe e explica, sorrindo: "Gosto de me sentir bem seguro".

É diferente viajar de carro, mesmo nessa situação. Após oito dias de caminhada, tenho a impressão de que tudo ali fora passa tão depressa que a vida parece não fazer mais sentido. Será que foi o motor à combustão que acelerou o mundo?

Quando me viro para colocar a toalha no banco de trás, fico paralisado ao ver um cajado e uma bolsa de pano marrom, exatamente como as coisas do velho. Retorno o olhar para a frente e observo meu rosto pálido no espelho atrás do para-brisa. Fico em silêncio por alguns minutos, enquanto Jesús segue sua sequência de perguntas, como se fosse um agente do IBGE: nome, idade, nacionalidade etc. Quando soube que eu era do Brasil, quis saber de qual região. Ao saber que eu vinha do sul de Santa Catarina, pergunta, com sotaque espanhol:

"És de Floripa, manezinho?"

Dei uma gargalhada. Afinal, tinha como não rir? A essa altura do caminho, encontrar um taxista que sabe o apelido de Florianópolis, capital do estado onde moro, e ainda me chama de manezinho é demais!

"Não. Moro em Criciúma, 200 quilômetros ao sul de Florianópolis", explico.

Sinto-me mal por agir como um interesseiro, afinal tenho segundas intenções. Na verdade, quero respostas que me levem ao velho. Neste momento, como quem está distraído, pergunto o que é aquilo no banco de trás.

"Aquilo o quê, amigo?"

Penso que está brincando comigo. Mesmo assim, finjo entrar no seu jogo. "Aquele cajado e a bolsa no banco de trás."

Ele parece realmente surpreso. Ajusta o retrovisor interno, encosta o carro na beira da estrada e vira-se para trás. "Nossa! Acho que são dos dois peregrinos que deixei em Rabé de las Calzadas", disse ele. "Só pode ser."

"Onde você os apanhou, Jesús?"

"Em Burgos, amigo peregrino."

O motorista se vira para a frente, engata a primeira marcha, dá sinal, entra novamente no asfalto e pergunta para onde eu estou indo.

"Penso em ir para Burgos", respondo. "E depois o senhor vai para onde?"

"Vou para Rabé de las Calzadas tentar entregar o cajado e a bolsa. O cajado até que não parece ter valor, mas a bolsa deve ser de peregrino e ali costuma ter dinheiro, passaporte e outros documentos, não é mesmo?"

Faço sinal positivo com a cabeça, enquanto penso nas sincronias que estão acontecendo. Imagino que, se alguém me contasse o que estou vivenciando, eu provavelmente duvidaria. Ainda meio atônito, pergunto ao taxista se ele lembra das características dos dois peregrinos.

"Claro. Um era um senhor de longas barbas, olhos pretos e marcantes, voz calma, estatura média. O outro, um médico espanhol. Entendi bem o diálogo, pois conversaram na minha língua."

De certa forma, mais tranquilo que das outras vezes em que encontrei pistas, pergunto se Jesús se recorda de algo da conversa.

"Claro que sim. Estavam calmos e falavam alto, embora estivessem sentados lado a lado no banco de trás."

"Desculpe a indiscrição, mas, se não infringir a sua ética, poderia me contar algo?"

"Claro que sim."

O carro não passa dos 60 quilômetros por hora, devido à forte chuva, e o limpador de para-brisa mal dá conta de vencer a água. O vento é tão forte que ameaça tirar o carro da pista.

"Na verdade, o senhor de barbas pouco falou. Quem dominou a conversa foi o médico, que parecia muito ansioso."

Jesús diz que o médico simplesmente começou a se abrir com o velho, que o olhava com atenção e interesse. "Falou da infância até os dias atuais. Lembro de ele ter dito que se sentia uma pessoa sem valor, pois se preocupava muito com sua aparência, com sua estética. E que, aos 45 anos, ainda não tinha casado, mas fazia coleção de namoradas. O médico disse para o velho: 'Uso minha energia para seduzi-las e quando isso acontece, sei lá, parece que elas passam um portal, uma fachada brilhante, e depois conhecem quem de verdade eu sou e vão embora. Não consigo manter as relações e, por isso, vivo trocando de parceira'."

Fico impressionado com os detalhes da conversa de que Jesús se lembrava.

O MAIS DIFÍCIL NÃO FOI QUEBRAR O MEU "PRÉ-JUÍZO" DE QUE O CAMINHO SE FAZ CAMINHANDO E NÃO DE TÁXI, MAS, SIM, DESAPEGAR-ME DE UM OBJETO COM GRANDE VALOR SENTIMENTAL, UM PRESENTE DO AMIGO PABLITO.

Todo caminho é sagrado
@ofilosofoperegrino

Um caminho ressignificado

"Amigo, lembro que o médico ainda comentou que era centrado apenas em si e, talvez por isso, paradoxalmente, não conseguia ter uma auto-estima alta. 'Me sinto inseguro, e, para que eu acredite em mim mesmo, preciso que outra pessoa diga que gosta de mim; adoro ser bajulado. Não tenho sentimentos profundos pelos outros. Será que sou um narcisista?'. Olhei pelo retrovisor e vi que o velho virou a cabeça e olhou-o profundamente nos olhos, mas nada disse."

Depois de passar por Agés e Atapuerca, seguimos em direção a Villalbilla de Burgos. Sigo escutando atentamente o relato do taxista Jesús sobre a conversa entre o médico espanhol e o velho de barba.

"Como se não bastasse tudo isso, o tal médico disse que acreditava ter transtorno obsessivo-compulsivo, pois não conseguia usar albergues públicos por achar que contrairia alguma doença, e que tomou antibióticos antes de vir para o Caminho, como prevenção. Ele me parecia um cara fresco", diz com certo sarcasmo. "O contrário das características de um peregrino que não exige, só agradece. Quem exige é o turista, o peregrino agradece, não é mesmo, amigo?"

Fiquei refletindo sobre essa frase de Jesús, que em resumo fala de "dar graças". Lembro quando estudava no seminário e o bispo pediu que pesquisássemos quantas vezes a Bíblia sugeria "dar graças". Recordo-me de ter contado mais de trezentas passagens registradas nas escrituras.

Nesse momento, vejo uma placa na estrada. Estamos passando por Tardajos, portanto, a menos de 2 quilômetros de Rabé de las Calzadas.

"Onde o senhor os deixou?"

"Debaixo de uma área coberta, na igreja de Nuestra Señora del Monastério, logo na saída do povoado."

"Podes me deixar lá também?"

"Claro. Até porque quero devolver seus pertences. Afinal, não sei de quem são, se do médico espanhol ou do velho senhor de barba, mas desconfio que sejam do velho."

E ele estava certo, mas não lhe confirmo isso para não prolongar a conversa, já que estamos chegando.

"Pronto. É ali naquela igreja", aponta ele.

Olho para a torre e vejo, mais uma vez, uma coruja pousada no campanário. Percebendo que olhei para a ave, Jesús conta: "A enigmática coruja-das-torres, símbolo de nosso país", e olha para ela, com reverência.

Acerto a corrida e agradeço sinceramente ao homem. Pego a bolsa e o cajado que estão no banco de trás do táxi, apanho minhas coisas no bagageiro, que já está aberto, e corro para o local indicado, fugindo da chuva que não dá trégua. De longe, identifico uma movimentação na área coberta que dá acesso à entrada da igreja Nossa Senhora do Monastério, mas não percebo detalhes por conta da chuva que atrapalha a minha visão.

Meus passos são de quem não acredita que vá encontrar cara a cara a pessoa esperada, o senhor em quem tenho pensado tanto nos últimos anos e foi o motivo pelo qual decidi fazer meu oitavo Caminho. Ouço alguém tossir e tenho certeza de que está se abrigando da chuva.

Dou alguns passos mais rápidos, quase correndo, e acesso a área coberta para me abrigar. Não bato minhas roupas nem tiro a mochila das costas, quero saber se o velho está aqui. Para minha decepção, entretanto, descubro, ao perguntar ao homem que encontro ali sentado, que o senhor barbudo saiu para comprar algum mantimento, já que os dois intentavam passar a noite ali.

"Ele vai voltar?"

"Sim, ele disse que voltaria", responde Pablo Félix, médico espanhol de 45 anos, alto, magro, botas e roupas combinando com a mochila e com um perfume tão forte que me embrulha o estômago. Natural da região da Catalunha, havia iniciado o Caminho em Pamplona, há nove dias, e, em Burgos, encontrou o velho barbudo e veio de táxi até este *pueblo*, acreditando que, ao chegar aqui, a chuva já teria passado.

A tarde cai e começa a anoitecer. Sentados em pedaços de papelão e escorados sobre as mochilas, permanecemos os dois em silêncio, aguardando o desenrolar dos fatos. O velho vai aparecer? E se não aparecer, dormiremos aqui?

Devido às nuvens baixas, a noite começa mais cedo. Perto das 20 horas já estamos quase no escuro. Permanecemos os dois na entrada da igreja à espera do velho. O chão é de pedras. Para nos aquecer, estendemos roupas sobre algumas folhas de papelão seco que encontramos por ali. Abrimos os sacos de dormir e rapidamente entramos, ficando só com a cabeça para fora. "Hum, como é bom ficar aquecido aqui dentro", diz Pablo. "A essa altura, acho que o velho não volta mais."

Concordo com ele e tento mudar de assunto, mas Pablo insiste:

"Por que está tão interessado? Por que quer falar com ele?"

Meio sem jeito, sem querer falar o real motivo, interajo com meus pensamentos e busco uma saída inteligente: "Quero devolver o cajado e a bolsa que ele esqueceu no táxi".

O médico espanhol levanta seu tronco e, em um movimento brusco, senta-se.

"O velho disse que não esqueceu o cajado e a bolsa no táxi, mas que deixou as coisas ali porque a pessoa que as encontrasse saberia o que fazer com elas. Sabe, eu não entendi, mas respeitei a decisão após tudo o que aprendi com ele no pouco tempo que passamos juntos. De toda a experiência, o que mais me marcou foi nossa vivência no potreiro, junto às vacas."

Cada vez mais curioso, indago sobre como se encontraram, o que falaram, como foram parar ali.

"Na verdade, o velho pouco falou. No início, até pensei que era surdo, mas depois percebi que ele era um sábio. Como me senti acolhido com seu abraço e seu olhar, me abri para ele, como nunca havia feito. Não sei se você vai entender, sinto que alguma coisa mudou em mim. Vivi uma transformação depois de contar minha vida para ele. No contato com o velho algo mudou, mesmo ainda não sabendo dizer o quê."

O médico fala com tranquilidade, espontaneidade e leveza. Sinto verdade em suas palavras e, apesar do frio e da umidade, também noto uma alegria especial de estar com ele neste local em um dia de muita chuva no Caminho de Santiago.

"Conta como foi a vivência que tiveram no potreiro, junto às vacas", insisto, esperando algo mais esclarecedor. Contudo, vejo o meu parceiro bocejar seguidas vezes, a ponto de ele mesmo sugerir que continuássemos a conversa na manhã seguinte.

Aceito a sugestão e fico ansioso por mais. Ali, ouvindo os sons da noite, sem perceber, também adormeço. Na manhã seguinte, uma senhora nos desperta calmamente, batendo suaves palmas. É a irmã María de Jesús.

"Bom dia, peregrinos. Vamos levantar e aproveitar que a chuva parou? Trouxe um chá com torradas para vocês", diz, sem estranhar a nossa presença. "Moro em um convento com outras irmãs aqui perto e lá vejo, por aquela câmera, o movimento externo da igreja. Por isso, sabia que estavam aqui e que estavam bem. Geralmente, venho por volta de 10 horas, mas hoje vim duas horas antes para trazer-lhes o desjejum."

Além de chá com torradas, trouxe também um pêssego para cada um e uma caixinha de suco de uva. Néctar dos deuses. Sentamos, encostando as costas na parede externa da igreja, para tomar nosso café da manhã. A irmã, uma senhora magra, de baixa estatura e cabelos curtos e brancos, puxa uma cadeira e senta-se perto de nós para conversar. O assunto, como não poderia deixar de ser, é o Caminho de Santiago.

"Decidi fazer o Caminho de Santiago quando tinha 18 anos. Era meu primeiro semestre na faculdade de Serviço Social e, naquele verão, estava sem planos para viajar. Até que encontrei, sentado sob uma árvore, um senhor enigmático, que falava de um caminho transformador. Foi assim que tudo começou, há quarenta e dois anos", conta a irmã, em tom de nostalgia.

Como eu já tenho mais informações sobre o velho, logo fiz a ponte, coisa de que Pablo sequer desconfia. Penso que o velho deixou este local ontem à noite para se refugiar no convento com as demais irmãs, por isso não retornou.

"A senhora está falando de um velho de barba?", pergunto para ela, enquanto o médico parece estar absorto, prestando atenção apenas ao seu pêssego, sem se ater ao conteúdo do diálogo.

"Sim, meu querido", responde ela, sorrindo.

"Então ele também me viu chegar aqui ontem?"

"Sim, meu querido", repete.

Não me contenho. Percebo estar bem perto do velho, assim como nas outras vezes, mas agora o sinto ainda mais próximo.

"Quando ele te olhou, só sorriu. Na verdade, ele fala pouco e sorri muito", explica a irmã.

"A senhora sabe o que devo fazer para encontrá-lo?", pergunto diretamente.

"Merecimento, meu querido. Merecimento", responde também diretamente.

"Mas, irmã, é muito importante para mim, por favor, me ajude", insisto, em uma voz chorosa e quase me ajoelhando. "Por que não consigo encontrá-lo?"

"Você já reparou que reclamar é clamar duas vezes? Se você clama porque não encontra, será que não está fortalecendo o não?"

"Poxa. Nunca havia pensado nisso."

"O primeiro choro é nossa primeira reclamação, aprendemos isso quando bebês, e alguns de nós passam a vida reclamando, em vez de dar graças."

"Irmã, me fale mais sobre o velho. Como é o nome dele?"

"Não estou autorizada a falar nada, querido. Ainda é segredo. A única coisa que posso te sugerir é que siga sua intuição..."

Como ela fala pausadamente, acabo sendo mal-educado e a interrompo, tentando dissuadi-la.

"Por favor, irmã."

Ela continua o discurso anterior e termina a frase:

"Méritos, peregrino. Reflita sobre os méritos, que vai enxergar."

Neste momento, o médico ao meu lado já recolhe o saco de dormir e começa a arrumar sua mochila. A irmã abre a igreja e recebe alguns peregrinos. Concluo que ela já falou tudo o que podia e que eu deveria avaliar com sabedoria suas palavras para decifrar o enigma. "Dar graças", "não reclamar", "méritos". Palavras fortes; preciso refletir sobre elas.

Sem saber direito o que fazer, sigo o exemplo do peregrino espanhol e também arrumo minha mochila até afivelá-la em minhas costas. Quando estamos prontos para deixar o local, a irmã vem ao nosso encontro e dá a cada um de nós uma medalhinha de Nossa Senhora.

"É para ajudar no Caminho e em suas vidas", diz. Mas, ao direcionar seu olhar para mim, fala de maneira misteriosa: "Para que consiga encontrar o que procura", pisca. "E não se preocupe, logo, logo poderá devolver o cajado e a bolsa ao verdadeiro dono." E sai cantarolando a canção de Bob Dylan, "Knockin' on Heaven's Door".

Pablo e eu deixamos a igreja e a irmã María de Jesús e seguimos para Hornillos del Camino, lado a lado. Eu estava atônito com tudo o que havia ocorrido. Félix parecia bastante tranquilo. Percebo que ele está sem água no cantil, ofereço um pouco da minha e ele aceita sem cerimônia.

"Pode parecer algo trivial, mas até ontem eu não fazia isso, tomar água no cantil de outra pessoa nem mesmo da minha namorada", admite. "Também jamais pensaria na possibilidade de passar uma noite naquelas condições. Foi a primeira vez que usei o saco de dormir, pois antes só dormia em hotel."

"Mas o que aconteceu para ter mudado agora?", questiono.

"Foi o que te falei ontem. Não tenho dúvida de que foi a presença daquele velho em minha vida."

"DAR GRAÇAS", "NÃO RECLAMAR", "MÉRITOS". PALAVRAS FORTES; PRECISO REFLETIR SOBRE ELAS.

Todo caminho é sagrado
@ofilosofoperegrino

Desconfiado de que, além da intercessão, também houvesse outro procedimento terapêutico, questionei novamente:

"E a vivência no potreiro?"

"Quando chegamos à igreja ontem, no meio da tarde, a chuva não parava. Deixamos nossas mochilas abrigadas e saímos de poncho pelo potreiro. O velho me chamou fazendo sinais com a mão direita. Caminhamos, lado a lado, ele leve e eu arrepiado.

"Em determinado momento, o velho apontou para um carreiro no chão, aquelas marcas que as vacas deixam no pasto ao se mover de um lado para o outro, e perguntou o que eu estava vendo ali. Respondi: 'Trilha ou caminho de vacas, ora!'. Depois disso, o velho simplesmente desapareceu, bateu asas. E eu fiquei ali por um bom tempo olhando para o carreiro."

"Ele não explicou nada?"

"Nada. Mas nem precisava", responde o espanhol.

"Como assim?"

"Quando ele me deixou lá no campo e antes de você chegar, fiquei refletindo sobre as palavras do velho e, principalmente, o que ele queria me dizer mostrando a trilha das vacas."

"E qual foi a conclusão?"

"Concluí que estava na hora de sair do carreiro das vacas e experimentar outros caminhos. Claro que isso é uma metáfora. Falo do caminho da simplificação, da busca pela simplicidade. Assim como passar a noite no saco de dormir, também pela primeira vez consegui ser eu mesmo quando falava da minha história para aquele homem, e me senti muito bem fazendo isso. Ali, era eu mesmo. Enquanto discorria sobre minha vida, comecei a me ver de verdade. Conheci a mim mesmo. Depois, tive bastante tempo para refletir e decidi que, a partir de hoje, mostrarei o meu verdadeiro eu para as pessoas com as quais convivo. Esse será meu novo caminho, minha nova jornada existencial."

Um caminho ressignificado

"Puxa! Fico alegre por ti, amigo peregrino."

"E eu também. Agora sinto que não só estou passando pelo Caminho como ele está se gravando em mim."

Ao nosso lado, um riacho de água cristalina corre por entre as pedras e arbustos. De repente, Pablo se abaixa e começa a beber a água com a língua, como um bicho. Quando vejo a cena, compreendo que não era uma mudança o que ele estava vivenciando, mas uma transformação. E era verdadeira.

Antes das 11 horas já estamos em Hornillos del Camino, em frente ao albergue municipal. Sinto uma alegria especial em Pablo. Como não o conhecia, não posso comparar com seu estado anterior, mas, considerando o seu depoimento, percebo que ele está mais presente, com um olhar mais vivo, brilhante. É uma boa companhia, um bom papo, um bom peregrino.

"Como o albergue já abriu, vou ficar por aqui. Quero aproveitar ao máximo o Caminho e minha relação com as pessoas. Acho que estou curado do TOC", comenta o médico.

Trocamos abraços afetuosos e nos desejamos um "¡buen camino!".

Sigo agora sozinho a minha caminhada. Depois de subir um pequeno morro, chego a uma planície. Dos dois lados da estrada, contemplo a terra arada, exposta ao sol, à espera da semente para, em um gesto de generosidade infinita, oferecer o alimento. Penso no médico que reprogramou sua mente, transformando-se, mudando o padrão estabelecido. Que milagre!

Introspectivo, permaneço no mundo das ideias enquanto tento chegar a uma conclusão filosófica a partir das palavras da irmã María.

Por volta das 12h30, passo por San Bol, completo meu cantil em uma fonte de água corrente e sigo minha jornada até Hontanas, onde chego às 14 horas. Sinto-me um pouco diferente também. Estou mais animado, mais presente. E mais: já não me sinto tão ansioso para encontrar o velho. Acredito que o que for para ser já está sendo.

Deixo a estrada de chão e caminho na beira do asfalto. Vou no lado esquerdo da estrada, onde há várias árvores e sombra. Vou em direção a Castrojeriz. Faltando cerca de 2 quilômetros para chegar à cidade, decido parar para descansar nas ruínas do Convento de San Antón. Ouço uma música angelical vinda de um bar próximo e caminho até lá levando nas mãos as coisas do velho e minha mochila sobre o ombro direito. Sinto cheiro de incenso e observo, no canto de uma área aberta, em cima de um palco improvisado, um senhor de roupas brancas tocando harpa.

Depois de alguns minutos apreciando o som, aplaudo energeticamente.

"Gratidão, peregrino! O que fazes no Caminho?", ele me pergunta.

Diante da sua espontaneidade e objetividade, resolvo pela primeira vez não dissimular e falar a verdade:

"Este é o meu oitavo Caminho. Estou procurando um velho de barbas longas, fala mansa, olhar penetrante..." Ele não me deixa terminar.

"Chapéu de palha, roupa marrom e capa preta?"

"Sim!"

"Passou aqui ontem. Tomou um chá de maçanilha e seguiu seu caminho. Falou algo sobre um Vale do Silêncio. Repetiu umas três vezes esse nome."

Como estamos sendo abertos e verdadeiros, logo quero saber se ele o conhece.

"E como! Ele ajudou a mudar a minha vida. Antes eu era uma pessoa 'normótica', agora voltei para mim."

"Normótica?"

"Sim. Assim como os psicóticos e os neuróticos são acometidos de transtornos mentais, os normóticos são os que sofrem de normalidade, presos a normas e valores sociais", e então se apresenta esticando a mão: "Pedro! Senta aí. Você é meu convidado para pernoitar aqui, se desejar."

Não hesito em aceitar o convite daquele homem que sinto que poderá me aproximar ainda mais do velho. Como não há um albergue, o anfitrião me oferece uma barraca que deixa à disposição para peregrinos. A ducha e o jantar serão na casa dele, três cômodos contíguos ao bar.

Como meu anfitrião, Pedro me deixa bem à vontade, enquanto se entretém com a sua harpa e com os peregrinos que param em seu bar. Tomo minha ducha e tiro uma sesta na barraca, armada estrategicamente junto a um muro alto e bem embaixo de uma árvore. Estico-me ali e adormeço ao som da harpa.

"São quase 20 horas, é melhor acordar para não ter dificuldade para dormir à noite, peregrino", acorda-me Pedro, sem abrir a barraca. Reconheço seu respeito e o espaço que me dá. Depois de me espreguiçar duas vezes para cada lado, respondo que já estava acordado e em breve me levantaria.

Minutos depois, já passa das 20 horas e estou sentado à mesa do bar. Pedro está na cozinha preparando o jantar e, ao perceber minha presença, diz que logo estará servido. Enquanto mexe nas panelas, fala dos peregrinos, do movimento, dos turistas, assuntos que, confesso, não são o que realmente me interessa. Procuro não fazer nenhuma pergunta sobre esses temas para que ele não se alongue. No máximo, concordo com um "aham". Fico aguardando uma deixa para perguntar do velho.

O jantar é servido. Salada de tomate, pepino e alface com atum. Sopa de ervilha, arroz e ovos fritos. Para beber, um bom tinto de Rioja. "Um brinde ao Caminho e aos caminhantes." Pedro levanta sua taça de vinho.

Aproveito o momento:

"Então, querido hospitaleiro, podes me falar sobre o velho de barba, roupa marrom, chapéu de palha, bolsa a tiracolo e capa preta?"

"Hum, vejo que ficou aqui justamente para saber mais do velho James."

"James?"

"É, não sei se esse é o nome verdadeiro dele, mas hoje o chamei assim e ele me respondeu. Pronto, ficou James!"

INTROSPECTIVO, PERMANEÇO NO MUNDO DAS IDEIAS ENQUANTO TENTO CHEGAR A UMA CONCLUSÃO FILOSÓFICA A PARTIR DAS PALAVRAS DA IRMÃ MARÍA.

Todo caminho é sagrado
@ofilosofoperegrino

"Como o conheceste?", tento disfarçar a ansiedade.

Pedro é espanhol, arquiteto de profissão, mas hospitaleiro por opção. Tem 54 anos, natural de Vigo, na Galícia, já fez quatro vezes o Caminho de Santiago e optou por abrir um bar e acolher peregrinos em apuros junto às ruínas do Convento de San Antón, por ser amigo dos proprietários, também peregrinos.

"Nas quatro ocasiões em que fiz o Caminho ouvi falar do velho, porém meu contato se deu em duas ocasiões. Há quatro anos, quando mudou minha vida, e ontem, quando nos abraçamos como velhos amigos."

Neste momento, peço licença e vou rapidamente até a barraca pegar o cajado e a bolsa para mostrar a ele.

"Sim, ele estava usando um cajado e uma bolsa iguais a estes. Você também o encontrou?"

"Não. Ele esqueceu ali atrás e eu o procuro para devolver."

"Como devolver, se ele estava com eles? Falando nisso, já viu o que tem dentro? Já abriu o fecho?"

"Não abri, nem vou fazê-lo, pois é do velho", falo.

Pedro bebe o último gole de vinho e reabastece nossas taças, enquanto comenta:

"Como te disse, ele falou várias vezes de um tal de Vale do Silêncio, que não conheço. Permaneceu aqui uns quinze minutos, tempo de tomar um chá, trocar poucas palavras e seguir adiante sem dizer onde iria dormir."

Percebo que Pedro está sendo verdadeiro e me conformo com essas informações. Após o jantar, dou um forte abraço em Pedro, mais um anjo do caminho a me guiar.

O velho está cada vez mais próximo e ao mesmo tempo mais longe. Pedro põe a mão na minha cabeça, me olha nos olhos e diz: "Medite, aquiete seus pensamentos e seu coração, durma em paz, peregrino. Lembro bem, há quatro anos, passei por essa ansiedade até ver o velho e me curar da normalidade. O Caminho é mágico, na hora certa, vai encontrar".

Agradeço a hospitalidade, recolho-me na barraca e o saco de dormir me chama para meditar e descansar.

**PARECE-ME
QUE NESTA EXISTÊNCIA
A GENTE NUNCA VOLTA,
SÓ VAI.**

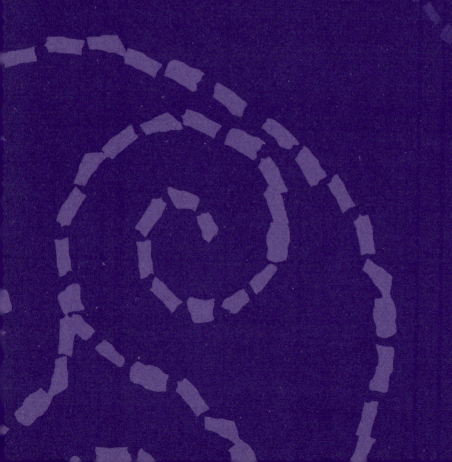

Aceitação e entrega

Um pouco antes das 6 da manhã, já estou rumo a Castrojeriz, onde pretendo tomar café da manhã. Deixo Pedro e sua harpa dormindo. Caminho com passos decididos, uma leveza no corpo e gratidão no coração. Gratidão ao Pedro, por me acolher, gratidão à música, ao canto dos pássaros, à brisa da manhã e a todos os peregrinos e peregrinas que encontrei neste meu décimo primeiro dia de Caminho de Santiago. Às 7 horas, desperto de meus pensamentos pelo tilintar da catedral de Castrojeriz, município de ruas estreitas, povo acolhedor e templos seculares. Foi aqui que, no meu primeiro Caminho, despertei para uma vida mais simples e de desapego.

Tão logo começo a subir uma rua, avisto, à esquerda, um bar que emana um cheiro gostoso de café. Ali, aproveito para fazer a primeira e saborosa refeição do dia: chocolate quente e um bolo conhecido como "madalena", embrulhado em um plástico transparente. Observo que há poucos peregrinos lanchando e que, na parte superior do local, há um albergue particular. Na saída ouço o chilrear de uma coruja. Tento avistá-la, mas não a encontro.

Às 7h20, retomo meu caminho, bem alimentado e abastecido de água, pois a subida a seguir será exaustiva em direção ao Alto de Mostelares, a 910 metros de altitude. Sigo serpenteando a cidade, acompanhado por alguns peregrinos que cruzam meu caminho. No céu, andorinhas dão voos rasantes em uma alegria genuinamente natural e contagiante. Uma descida leve, alcanço uma reta e, logo à frente, avisto o desafio desta manhã.

Depois de subir a montanha, iniciarei o trecho conhecido como Mesetas: terreno plano de agricultura dos dois lados do caminho. Serão mais de sete dias caminhando com paisagens repetidas. As Mesetas são propícias para a introspecção e uma imersão em autoconhecimento. Geralmente, é dessa etapa do caminho que peregrinos saem em lágrimas ao descobrir que se afastaram de seu caminho existencial, da sua identidade. Quem sou eu? O que estou fazendo aqui neste caminho? O que estou fazendo neste planeta? Esses são alguns questionamentos recorrentes.

Foi nesse trecho que ouvi o depoimento de um peregrino, dizendo ter se tornado uma péssima companhia para si próprio. "É aqui que o filho chora e a mãe não vê", confidenciou-me Robson Lunardi, peregrino da cidade de Orleans, Santa Catarina.

Baixo a cabeça e sigo um passo atrás do outro. Vou na minha cadência, nem forte, como alguns, nem tão fraco, como muitos outros. Em nenhum momento olho para trás ou para a frente, atenho-me ao meu presente, ao aqui e agora. E assim, em menos de uma hora, chego ao topo do morro e, ali, recosto-me em uma mureta e aproveito para descansar diante de uma paisagem de tirar o fôlego.

A brisa é como um bálsamo a acariciar meu rosto, trazendo um aroma de frutas frescas, enquanto os raios do sol me aquecem. O céu, a terra, o ar – tudo era eu naquele momento. Olho para o horizonte sem me fixar em nada. Meus olhos passeiam de um lado para o outro.

Surpreendentemente, cruzo com a imagem que busco há dias. Sim, é ele. O velho está a cerca de 100 metros e vem na minha direção. Fico parado, sem acreditar no que estou vendo. Enfim, parece haver chegado o grande dia para desvendar os mistérios, descobrir por que ele tem deixado bolsas e cajados pelo caminho, descobrir por que parece estar fugindo de mim. Vou olhar nos olhos dele, tocá-lo, abraçá-lo. Será que vou poder entregar a bolsa e o cajado que trago comigo? Quero saber como as outras lendas do Caminho o conhecem. Quero entender por que dizem que, para encontrá-lo, devo seguir meu caminho e me ater aos méritos. Estou prestes a realizar minha aspiração e a poucos segundos de saber as respostas de tantas perguntas.

Olho no relógio, 8h30, quase sem tirar o olho do velho, andando contra o fluxo dos peregrinos, barba e cabelos ao vento. Sua capa marrom balança, lembrando uma magnífica imagem sacra. Seria ele um santo em vida? Não lembro exatamente como, mas levanto e começo a caminhar ao seu encontro. Ele agora está de braços abertos. O curioso é que muitos peregrinos vão na direção do velho, mas nenhum deles o abraça. Será um sonho? Será que estou acordado? Por que ele está com a bolsa e o cajado? Mas a cada dúvida que parece surgir, ele distancia-se de mim. Acelero minhas passadas, quase corro com receio de que ele suma. Minha mente é um turbilhão. Piso em uma pedra e meu pé esquerdo vira. A dor é tão forte que não contenho o grito.

Sento-me desajeitado na estrada, em uma tentativa de escolher a melhor posição para atenuar o sofrimento. Muitos peregrinos se aproximam para ajudar. Tento mexer o pé, mas a dor é quase insuportável. De repente, o sol que batia direto no meu rosto desaparece e o calor vira frescor. Alguém se aproxima e segura com as duas mãos o meu tornozelo. Uma paz toma conta de mim, não me lembro de mais nada. Acho que desmaiei.

Volto à vigília, já no dia seguinte, e sinto um cheiro de café passado na hora, o mesmo que senti hoje quando chegava em Castrojeriz. Estou com uma fome fora do normal. Ainda deitado na cama, espreguiço-me e ouço uma voz feminina e familiar dando as boas-vindas:

"Bom dia, querido peregrino! Como se sente?"

Ainda sonolento, esfrego os olhos e tento focar no meu entorno. A irmã María de Jesús, que me atendeu antes de ontem em Rabé de las Calzadas, está aqui.

"Oi, irmã! Que alegria ver a senhora. Estou em Rabé de Laz Calzadas?"

"Não, querido. Está em León, no albergue das irmãs Carbajalas. Vim para cá tão logo ele me falou do acontecido."

"Ele? Acontecido?", meu raciocínio foi rápido.

No pequeno quarto de uma só cama, a irmã enche duas xícaras de café e oferece-me uma.

"Vá, beba. Vai fazer bem a você."

Enquanto tomo o primeiro gole de café, ela traz bolachas, pão com queijo e fatias de bolo.

"Isso vai fazer bem. Há quanto tempo não se alimenta?"

Preciso pensar um pouco para responder com exatidão.

"Tomei meu café da manhã ontem, umas 7 horas, em Castrojeriz."

"Sim, foi ontem!", sorri a irmã María. "Por isso deve estar com fome. Vá, alimente-se."

Eu não quero me alimentar, embora esteja com fome. Quero é saber como cheguei até aqui e o que aconteceu.

"Irmã, será que sonhei ter encontrado o velho?", digo e, sem obter uma resposta, continuo: "Eu tive a impressão de tê-lo encontrado, mas agora nada parece real".

Sigo com os olhos a irmã até a cozinha. Enquanto ela lava o coador de café e seca panelas, pratos e talheres do escorredor, tenta me acalmar.

"Querido peregrino, sonhando ou em vigília, se não formos iluminados, estaremos sempre dentro de uma bolha de ilusão. O que é real?"

Confesso que aquela fala me é familiar. Tamanha filosofia e profundidade só podem vir de um mestre.

"Não, amigo peregrino. Você não sonhou! Tudo o que aconteceu, para você, foi real."

A BRISA É COMO UM BÁLSAMO A ACARICIAR MEU ROSTO, TRAZENDO UM AROMA DE FRUTAS FRESCAS, ENQUANTO OS RAIOS DO SOL ME AQUECEM.

Todo caminho é sagrado
@ofilosofoperegrino

Calmo, sem ansiedade ou expectativa, quero saber o que aconteceu.

"Bem, pelo que sei, você estava caminhando, pisou em falso e torceu o pé, causando uma luxação. A dor foi tão intensa que você desmaiou. Então, os peregrinos acionaram as autoridades e, por avaliarem ser mais conveniente contar com os cuidados de um centro maior, o trouxeram para León, no albergue do Monastério das Monjas Beneditinas, as Carbajalas, a 170 quilômetros de onde estava."

Fico um tempo em silêncio, me situando e fazendo as contas.

"Irmã, por que me trouxeram para León? Não seria mais fácil voltar 40 quilômetros até Burgos?"

A irmã María de Jesús olha para mim com um olhar de compaixão, mas não diz nada. Diante da minha insistência, responde.

"Querido, nesta existência me parece que a gente nunca volta, só vai."

No primeiro contato com a irmã, logo cedo em Rabé de las Calzadas, ela não tinha se mostrado tão filosófica, mas hoje me surpreendeu.

"Está bem, irmã. Compreendo. Mas me diga uma coisa: por que a senhora está aqui? A quem a senhora se referia há pouco quando disse 'ele me falou do acontecido'?"

"Bem, o que eu posso falar, já falei. Daqui para a frente, fica por sua conta. Reflita sobre o acontecido. Vasculhe nas profundezas da sua alma, encontrará as respostas."

A mesma ladainha de sempre, penso com meus botões: reflita, siga a intuição, faça uma inversão, atenha-se aos méritos... Porém, como se estivesse lendo os meus pensamentos, ela completa:

"Sim. Siga sua jornada, reflita sobre merecimento, que vai encontrar o que procura."

Vejo que não conseguirei mais nenhuma informação com ela, assim como ocorreu com o padre Mattia e com Pablito. Preciso seguir o meu caminho, abrir a porta e encontrar as respostas para os meus questionamentos.

"Méritos, méritos, por que você se atém tanto aos méritos?", repete a irmã, sorrindo.

Não me contenho e retribuo com um sorriso franco. Ficamos os dois em silêncio, um ao lado do outro. Procuro refletir sobre o que ocorreu. Estou certo de que vi o velho e que ele veio ao meu encontro. Antes de desmaiar, senti também suas mãos segurando o meu tornozelo esquerdo.

"Irmã, só mais uma pergunta."

"Sim, peregrino."

"Eu tive um encontro com o velho, não tive? Lembro de tê-lo visto pegar no meu pé machucado antes de desmaiar."

"Hum...", murmurou ela.

"Eu sei que a senhora não pode falar mais, mas é importante para mim. Se a senhora não falar nada, não foi verdade."

Ela está arrumando sua bolsa com seus pertences, imagino que deve retornar a Rabé de las Calzadas. Seu olhar dança pegando suas coisas da mesa e ajeitando-as na bolsa.

"Sim. Encontrou com ele, mas parece que não estava pronto. Ele, porém, compreendeu. Cuidou-lhe, fez alguns exercícios, massagens e imposição de mãos."

"Sério, irmã? Poxa! Como pude desmaiar em um momento tão importante?"

"Na verdade, sugiro que reflita sobre o que aconteceu, aquilo que em um instante parecia tão perto, de repente ficou longe. Aquiete seu coração, peregrino. Tudo passa, tudo muda."

Essa coisa de merecimento já começava a me tirar do sério. Parece uma poupança, precisa-se acumular dividendos para, só em momento de necessidade, poder sacar.

A irmã olha para mim, mais uma vez como se lesse meu pensamento. Sinto um olhar de compaixão e, desta vez, ela não fala nada. Nem precisa.

"Ele falou que deve voltar a caminhar só daqui a dois dias. Sugeriu que continue a caminhada, mas sem caminhar, está bem?"

PRECISO SEGUIR O MEU CAMINHO, ABRIR A PORTA E ENCONTRAR AS RESPOSTAS PARA OS MEUS QUESTIONAMENTOS.

Todo caminho é sagrado
@ofilosofoperegrino

Aceitação e entrega

Continuar a caminhada sem caminhar? O que ela quer dizer? Enquanto penso nessa fala da irmã, ela fecha sua bolsa, coloca a alça sobre o ombro, aproxima-se de mim e fala olhando diretamente nos meus olhos: "Observo que já está bem, pronto para seguir sua jornada. Bom caminho, querido!".

Não tenho tempo de raciocinar melhor para entender as coisas com mais profundidade. E constato que tão cedo não terei. O jeito é aceitar.

"*Gracias*, irmã! Que Deus te bendiga!"

"De nada. *Gracias a ti*, querido amigo. E não se esqueça de orar por mim em Compostela."

Escuto a porta se fechar ao meu lado, logo agora que preciso que uma porta se abra para minhas buscas. Uma vez mais, estou sozinho em minha jornada de busca. Reflito sobre o que ocorreu e não acho uma explicação lógica: procuro olhar para dentro de mim e encontro entusiasmo, determinação e ânimo.

Volto ao quarto, sento-me na cama e percebo que não há nenhuma faixa, tala ou gesso no meu pé machucado. Não sinto dor e imagino que, assim, posso caminhar normalmente. Corro os olhos pelo quarto, localizo minha mochila e o cajado; mas não vejo mais a bolsa que pretendia devolver ao velho. Não tem como deixar de pensar: por que ele deixou só o cajado e não os dois? Talvez queira que eu use o cajado para chegar mais rápido e seguro a Santiago.

Dou alguns passos para pegar minha mochila, quando alguém abre a porta, surpreendendo-me. Uma voz jovem feminina fala, lentamente:

"A irmã María de Jesús disse que deve seguir tua jornada, mas sem caminhar nos próximos dois dias."

Tão logo termina de falar, fecha a porta. Já de mochila nas costas, volto a encostar na cama, refletindo sobre o que a irmã havia dito. "Deve voltar a caminhar só daqui a dois dias." Sugeriu que eu continuasse a caminhada sem caminhar.

165

Sento-me na cama e começo a pensar no que me parece um pequeno enigma. Meu pé está aparentemente bom, mas só ficará perfeito para caminhar depois de dois dias de repouso. Mas isso não quer dizer que eu não possa caminhar, afinal de contas, há muitas formas de se caminhar.

Claro! Óbvio! Por que não pensei nisso antes? Enquanto estava fixado em caminhar andando, sofri, me machuquei. Agora vem o aprendizado: posso "andar" de ônibus, de táxi, de moto, de bicicleta, a cavalo. Por que não? Ou será que devo caminhar para dentro de mim?

Decidido, seguro o cajado e ando lentamente até a saída do monastério. Perto da porta, uma monja, com sua vestimenta marrom e um grande crucifixo de madeira pendurado no pescoço, vem ao meu encontro, sorrindo, abre os braços e me dá um caloroso abraço.

"Onde vai, peregrino?"

"Vou seguir minha jornada, irmã."

"Mas pelo que ele disse, deveria ficar dois dias sem caminhar."

"Sim, sim. Vou continuar a jornada sem caminhar."

Quando tento explicar minha conclusão, vejo que são 8 horas e percebo que duas mulheres de meia-idade se aproximam de nós.

"Irmã Celina, estamos em apuros. Este mês, as contas não vão fechar. Infelizmente, teremos novamente dificuldades financeiras. Não sei mais o que fazer", diz uma delas.

Para mim, aquela intervenção das senhoras foi a senha. Ouvi um pedido de socorro a respeito de algo que fiz praticamente toda a minha vida, não apenas nas companhias que presidi, mas também em empresas de amigos ou conhecidos: usar a lógica e tirar as organizações do buraco. Houve um momento da minha vida em que era convocado quando a situação já estava bastante complicada, por isso, às vezes, era forçado a tomar decisões traumatizantes para muitas pessoas. Contudo, com o passar do tempo, passei a ser chamado antes de o problema se instalar por completo,

Aceitação e entrega

dando margem para o desenvolvimento de estratégias mais brandas e com impactos menores.

"Irmã, desculpe a intromissão, mas ouvi sobre o que conversavam."

"Tudo certo, amigo peregrino. Não temos segredos."

"Se entendi bem, este importante refúgio para os peregrinos está com dificuldades financeiras, é isso?"

"Sim, querido. Corremos o risco de fechar as portas se não arrumarmos uma solução."

"Posso tentar ajudá-las?"

"Claro que sim", diz ela. "Mas como?"

"Primeiro, vou socorrê-las com um bom donativo. Neste momento, essa é minha forma de agradecer o que fazem a inúmeros peregrinos que passam por aqui e se beneficiam deste espaço. O que fizeram por mim é um bom exemplo disso. E em seguida, se me permitirem, gostaria de dar uma olhada geral nas contas e conhecer mais o 'negócio'."

"Mas este não é propriamente um negócio, é nossa missão. Não fazemos isso por dinheiro."

"Sim, irmã. Compreendo. E é dessa forma que deve ser encarado: como missão, mas também como negócio, não para ganhar dinheiro, mas para que seja possível viver disso. Como Jesus dizia, 'quem for do evangelho, que viva do evangelho'."

Um sorriso contagiante tomou conta do rosto da irmã e percebo naquele gesto uma esperança. Nós quatro nos dirigimos ao escritório do albergue e começamos a trabalhar. As duas senhoras eram Elza, espanhola, e Gertrud, alemã, ambas voluntárias. Assim como a irmã, também trouxeram documentos, cadernos de anotações, notas e muita conversa para me deixar a par das questões do albergue. Foi assim até passarmos, para nossa surpresa, do meio-dia.

"O almoço!", exclama irmã Celina, saindo repentinamente. Mas, ao contrário do que imaginei, não se tratava da nossa refeição.

"Ela é a encarregada de servir as refeições para a ex-diretora do albergue, que está muito adoecida, há mais de um ano", explicam as voluntárias.

Elza e Gertrud deixam o local, dizendo que vão almoçar e depois tirar a sesta; prometem retornar por volta das 14 horas. Eu decido permanecer. Em vez de comer, prefiro me debruçar sobre a montanha de documentos e estudar uma forma de contribuir para que o albergue das irmãs possa continuar aberto e recebendo peregrinos com amor e desprendimento.

Esse é um trabalho que fiz por muitos anos, mas hoje faço apenas voluntariamente, por ser tão mecânico e gerar sensações que não pretendo voltar a sentir. O trabalho operacional antes me colocava para baixo, mas desta vez estou sereno, é só um trabalho, e por uma boa causa.

Uma das primeiras conclusões a que chego a partir da análise dos números é que, para o grupo de enclausuradas, as contas estão fechando, portanto, o que carece de uma gestão mais cuidadosa é justamente o caixa do albergue.

Analiso gastos como luz, água, gás, manutenção, funcionários. Faço e refaço as contas das despesas e noto que o período de maior dificuldade se dá entre os meses de dezembro e março, quando o fluxo de peregrinos é drasticamente menor. Percebo também que muitos dos que se refugiam aqui não contribuem. Lembro de uma frase em uma placa afixada no refúgio do Acacio e Orietta: "Donativo não significa que é de graça".

Depois de mais algum tempo estudando os números, concluo também que, para o albergue manter suas contas em dia, as irmãs devem adequar as despesas e o número de funcionários e voluntários por temporadas, por exemplo, de dezembro a março entram em baixa temporada. Equilibrar ganhos e gastos mês a mês permitirá pagar as contas nesses meses, podendo até sobrar dinheiro para eventuais investimentos, deixando para atrair mais voluntários apenas no período de maior fluxo de peregrinos, a fim de garantir esse equilíbrio financeiro. Além dessa sugestão, decido retornar no próximo ano para ajudar na prática a realização desse planejamento estratégico do albergue e, assim, proporcionar uma vida financeira saudável. Decido roteirizar um plano de ajustes e ensiná-las a executar as medidas necessárias.

Preciso seguir a minha jornada, e, apesar de a administração ter tido seu papel na minha história, agora não tem mais. Por um período, não me fez bem e, se não se encaixou à minha essência, então não é o papel para mim.

Antes das 14 horas, as três mulheres estão de volta e, para minha surpresa e alegria, trazem um *bocadillo* de queijo e presunto, com tomate e alface, e uma garrafa de suco de uva. Faminto, termino o lanche rapidamente. Conversamos sobre minhas conclusões e minhas sugestões a curto e a médio prazos. Prometi dar-lhes as sugestões a longo prazo após o planejamento estratégico que realizarei, provavelmente, na segunda quinzena do mês de janeiro, no próximo ano. "Não hesitem em me buscar caso precisem de ajuda. Aqui estão meus contatos; será uma honra poder contribuir." As três, mas, em especial, a irmã Celina, ficam muito agradecidas.

Ao me despedir, dou um abraço em cada uma e antes de falarem "ore por mim em Compostela", adianto-me e peço humildemente: "orem por mim na missa de hoje à noite".

Com os olhos marejados, a irmã Celina faz a promessa:

"Vamos colocá-lo nas nossas orações até você retornar, querido peregrino."

São quase 17 horas quando pego o cajado, afivelo a mochila às costas e começo a me movimentar devagar, sem saber exatamente o que fazer, deixando minha intuição me guiar. Acredito nela, entrego-me.

Caminho por uma ala diferente da que eu estava acostumado. Do outro lado da rua, o albergue para casais está vazio, a não ser por algumas pessoas, compenetradas, trabalhando. Lentamente, desço as escadas e alcanço a rua. Ouço o som do meu cajado batendo no chão calçado de pedras enquanto serpenteio por ruas apertadas com muitas lojas, bares e restaurantes dos dois lados até alcançar a catedral, com grande movimento de turistas, nativos e peregrinos. Os sinos anunciam 17 horas.

Sinto-me cansado e um tanto sem rumo. O que fazer agora? Só há uma resposta para essa pergunta: seguir caminhando. Alivio a mochila das costas e sento, desajeitado, sobre um banco de pedra em frente à catedral. Olho longe sem me fixar em nada, buscando uma luz para o meu caminho. Nesse instante, um táxi para ao meu lado. O motorista abre a porta do carona e diz:

"Coloque a mochila no porta-malas, já está aberto, e entre. Vou levá-lo para a próxima parada."

Não questiono quem o enviou, nem por que está ali ou como sabia de mim. Decidido a seguir o fluxo da minha jornada, aceito ir além da lógica que me trouxe até aqui, sem questionar. Percebo que, se buscasse respostas apenas na razão, não sairia daqui. Eis a chave: aceitação.

Sem vacilar, coloco a mochila no porta-malas, entro no carro, aperto o cinto de segurança e fecho a porta. Olho para esquerda e vejo um senhor ao volante, com cerca de 65 anos, cavanhaque branco, boina estilo celta, sorriso e olhar acolhedores.

"Encantado, senhor. Carlos!", apresenta-se.

"Muito prazer, sou Beto Colombo!"

"Sim, irmão. Sei quem você é. E você, já sabe quem você é?"

Baixo a cabeça por uns instantes, depois nos olhamos profundamente, ele com um olhar de ternura e em silêncio.

Deixamos a praça em frente à catedral inicialmente por ruas estreitas e depois por vias asfálticas largas e oficiais, são as chamadas *carreteras*. Antes das 18 horas, tínhamos passado por San Martín del Camino e já nos aproximávamos de Astorga. Seguimos em silêncio, ouvindo cantos gregorianos. Chegamos a Foncebadón às 18h30, e Carlos

PERCEBO QUE, SE BUSCASSE RESPOSTAS APENAS NA RAZÃO, NÃO SAIRIA DAQUI. EIS A CHAVE: ACEITAÇÃO.

Todo caminho é sagrado
@ofilosofoperegrino

sugere uma parada para esticar as pernas. Em frente à La Taberna de Gaia, para minha surpresa, encontro o tal fotógrafo olhando para uma ruína. Com o braço direito erguido, ele declama uma poesia de Manoel de Barros:

Um monge descabelado me disse no caminho: "Eu
queria construir uma ruína. Embora eu saiba que ruína
é uma desconstrução. Minha ideia era de fazer
alguma coisa ao jeito de tapera. Alguma coisa que servisse
para abrigar o abandono, como as taperas abrigam.
Porque o abandono não pode ser apenas de um
homem debaixo da ponte, mas pode ser também de
um gato no beco ou de uma criança presa num cubículo.
O abandono pode ser também de uma expressão
que tenha entrado para o arcaico ou mesmo de uma
palavra. Uma palavra que esteja sem ninguém dentro.
(O olho do monge estava perto de ser um canto.)
Continuou: digamos a palavra AMOR... A palavra amor
está quase vazia.. Não tem gente dentro dela. Queria
construir uma ruína para salvar a palavra amor.
Talvez ela renascesse das ruínas, como o lírio pode nascer de um
monturo". E o monge se calou descabelado.[8]

As respostas, geralmente, vêm do coração de uma criança. A poesia penetrou nas entranhas da minha alma. O fotógrafo seguiu tranquilo sua jornada, e eu precisei de algum tempo para digerir toda aquela informação.

---

8   BARROS, M. Ruína. *In*: BARROS, M. **Ensaios fotográficos**. Rio de Janeiro: Record, 2000. p. 31.

"Tem sede, tem fome?", ouço ao longe a voz de Carlos.

"Muita sede e muita fome, amigo. Mas não de água e muito menos de comida."

O taxista segue pela *carretera* e minutos depois avistamos uma cruz de ferro. Sem me perguntar, ele para o carro embaixo de uma árvore, desce do carro e se aproxima do monumento. Permaneço no carro por alguns instantes e observo-o a distância, mas logo o sigo. Caminho lentamente em direção à base da cruz e sento-me em uma pedra grande. Carlos está de costas para mim, mais acima, segurando a haste da cruz com as duas mãos, junto a outros peregrinos e peregrinas.

Passa das 19 horas. O sol ainda está forte, mas um vento fresco ameniza o calor. Fico aqui parado, observando a cena: peregrinos indo e vindo emocionados, todos, invariavelmente, tirando algum objeto das suas mochilas e os depositando na base da cruz de ferro. Lembro-me das outras vezes que passei por aqui, sempre com uma pedra na mochila desde o início da jornada, um peso a mais, um pequeno sacrifício, simbolizando um pedido a Deus que depositava aqui. Nunca pedi para mim, sempre para outras pessoas: por um amigo com câncer, que, para a surpresa dos médicos, ainda vive bem, ou pela enxaqueca de uma querida amiga, que se curou. Nos primeiros quatro Caminhos, pedi e recebi, e nos outros quatro apenas agradeci e agradeci. Desta vez, estou tão focado que sequer me lembrei de trazer algo, mas meu coração está pleno de agradecimentos.

O sol se esconde entre as nuvens enquanto reflito sobre a peregrinação de carro e todo o contexto que me trouxe até aqui e está me levando a paradas que não imagino nem controlo. Ao mesmo tempo que isso me apavora, também me anima. Que sentimento estranho, uma verdadeira aventura!

"Vamos, peregrino!"

É Carlos que, sem que eu tenha percebido, agora me aguarda no carro. Levanto e caminho lentamente ao seu encontro.

"Não vai deixar nada aqui?"

"Desta vez não trouxe nenhuma pedra, amigo. Acho que não tenho nada para deixar."

"Tem certeza?", insiste, olhando para o cajado.

Penso que o cajado pode me servir nesses dias em que o velho disse para eu não andar. Mas a possibilidade de oferecer o próprio cajado do velho me cai bem no coração: ele representa a busca a qual me prendo nessa jornada e, portanto, um enorme sacrifício. "Por que não?", penso.

Abro a porta de trás do carro, pego o cajado e caminho lentamente até a base da cruz de ferro. Debruçando-me sobre ele, faço minhas preces. Entrego-me à minha jornada, ao Caminho, ao acaso. Subo até a cruz de ferro, ajoelho-me e, em prantos de gratidão, escoro meu cajado na cruz.

Entro no carro em silêncio e continuo recebendo o silêncio como resposta. Na verdade, tento deixar de racionalizar, de pensar, quero apenas sentir e acolher o que vier.

Começamos a descer a estrada, pois estamos a 1.440 metros acima do nível do mar. Logo a seguir, avisto o refúgio de Manjarín, onde o hospitaleiro é Thomaz, autointitulado o último dos templários. Carlos para o carro no estacionamento do albergue, desce e abre o porta-malas, entregando-me a mochila.

"É aqui que vai ficar hoje, não é?"

Sem ter uma explicação lógica, acolho o que o acaso me oferece.

"Sim, é aqui. Quanto custou a corrida?"

"Já está paga. Tudo certo."

Carlos entra no carro, dá meia-volta e desaparece na primeira curva. Antes, porém, acena, buzina e me deseja "¡buen camino!". Tira a cabeça para fora da janela e grita:

"Tudo é caminho, peregrino!"

A primeira coisa que faço ali é analisar o guia *Compostela: passo a passo* e fazer as contas dos quilômetros "caminhados" hoje: 88. São 19h50, coloco somente a alça esquerda da mochila sobre o ombro e caminho sem pressa, respeitando meu limite e pensando o porquê de me prender a essas contas. Que coisa, não?

Vou até a entrada do albergue e sou recebido por dois grandes e dóceis cachorros. Bato palmas e ninguém aparece. Bato ainda mais alto e nada. Empurro a porta do local e percebo que não está chaveada. Deixo minha mochila em cima de uma cadeira e ando pela casa.

Na cozinha, encontro Thomaz, sozinho, sentado à mesa, com dois pratos e seus respectivos talheres, copos e guardanapos. Imagino, lógico, que deva estar acompanhado. Meio constrangido com a situação, aceno, e ele me cumprimenta com a cabeça.

"Chegou dez minutos adiantado. Eu o aguardava às 20 horas. Seja bem-vindo, amigo peregrino! Pode se sentar, este lugar é seu."

Neste momento, sinto o ímpeto de perguntar, de querer saber, de tentar entender a situação. Mas logo volto a me entregar ao universo. Sento-me em uma cabeceira da mesa, onde estão os talheres e o prato, de frente para Thomaz, na outra.

"Só encontra quem procura", diz ele. "O que procura?"

A essa altura, já estou conectado totalmente com o meu corpo. Minha respiração está normal e não tenho quase sudorese. Sinto-me bem. Percebo que os meus pensamentos estão controlados.

"Sim, querido Thomaz. Este é o meu oitavo Caminho e estou fazendo com a aspiração de encontrar Jacques, James, Jacob ou Santiago."

"Que interessante! Não fala que sonha ou deseja, fala que aspira. Palmas!" E começa a aplaudir minha escolha de palavras. "Sabe, só com esta palavra já está gerando méritos para encontrá-lo. Por quê?", pergunta, como se adivinhasse meus pensamentos. "Porque quem deseja está apegado aos resultados e quem aspira deixa para o ventre verde do universo, e qualquer desdobramento o deixará feliz, porque já é feliz."

Falamos sobre muitas coisas. Quero aproveitar ao máximo o conhecimento de mais essa lenda. Observo que ele ainda está lúcido e que suas

LEMBRO-ME DAS OUTRAS VEZES QUE PASSEI POR AQUI, SEMPRE COM UMA PEDRA NA MOCHILA DESDE O INÍCIO DA JORNADA, UM PESO A MAIS, UM PEQUENO SACRIFÍCIO, SIMBOLIZANDO UM PEDIDO A DEUS QUE DEPOSITAVA AQUI.

Todo caminho é sagrado
@ofilosofoperegrino

ideias são claras. Um pouco desmotivado com a quantidade de turistas que trilham o caminho, mas, ao mesmo tempo, conformado, pois, como repete várias vezes, tudo é caminho. "Às vezes, somos também turisgrinos, em alguns momentos, e em outros somos peregrinos", diz, olhando em meus olhos.

Subitamente, levanta-se da cadeira, vai até o armário e pega uma espada, em cujo cabo está esculpida a cruz dos templários, veste uma blusa com a mesma imagem, coloca um capuz cinza que envolve toda a cabeça, deixando somente o rosto de fora, como uma balaclava. Aproxima-se de mim, mantendo cerca de 1 metro de distância, e pede para que eu me levante. Lentamente, estica a espada e a encosta sobre o meu ombro esquerdo, depois sobre o ombro direito e acima da minha cabeça.

"Sua curiosidade o trouxe até aqui e sua perseverança, sua entrega e serviço estão gerando os méritos apropriados. Continue na jornada, não se desvie do caminho, peregrino", fala Thomaz, em tom solene.

Como se tivesse cumprido um ritual, põe a espada de volta no armário, tira os paramentos e retorna à mesa, tendo na mão uma garrafa de vinho já aberta, com menos de metade do conteúdo.

"Ao Vale do Silêncio!", brindamos com um saboroso tinto do Bierzo.

Ele pareceu adivinhar que eu havia esquecido completamente a instrução de ir ao Vale do Silêncio, que aquele brinde recordou.

"O que é o Vale do Silêncio, Thomaz? O que tem lá?"

"Amanhã você vai receber as instruções mais detalhadas. Tudo no seu tempo", explica o último dos templários. "Agora já são quase 21 horas e é hora de descansar. Nosso café será servido às 8 horas, certo?"

Ainda está claro e devo ter algum tempo até anoitecer. Aqui, longe das cidades, a escuridão é mais intensa. No céu, as estrelas parecem iluminar o Caminho de Santiago de Compostela. Com passos lentos, deixo a casa de Thomaz em direção à edificação de pedras ao lado, onde ficam os dormitórios. Empurro a pesada porta, entro e escolho a primeira cama de casal que vejo. Aparentemente, estarei sozinho esta noite.

Estendo o saco de dormir sobre a cama. Penso em me sentar lá fora um pouco, mas decido seguir o conselho de Thomaz, me recolher e dormir um pouco mais cedo. Os últimos dias têm sido de fortes emoções e de muito desgaste físico, um repouso vai me fazer bem.

Não posso tomar banho, porque não há chuveiro. Nem vou ao banheiro, porque só há uma latrina ao lado da estrada. Hoje é um dia de privações, natural neste caminho. Como não caminhei neste dia, não estou suado e decido dormir com a roupa do corpo. Adormeço depois das 21h30. Acordo só no outro dia, um pouquinho antes de 5 horas, com o canto do galo. Levanto-me e caminho até o alto do penhasco, fico observando as estrelas e esperando os primeiros raios solares. Ouço o canto de cucos, galos e rouxinóis. Que bênção!

ALGUMAS VEZES, PRECISAMOS IR A LUGARES ONDE NÃO HÁ ESTRADA PARA A RAZÃO.

Méritos

De mochila nas costas e renovado, um pouco antes das 8 horas vou até a cozinha da casa do Thomaz, onde o aroma de café toma conta do espaço.

"*Buenos días*, amigo peregrino", diz Thomaz.

Com alegria, respondo e me adianto, dizendo que tive uma ótima noite.

"Que bom, muito bom. É interessante que esteja descansado", diz ele, e eu espero para ver o que o Caminho reserva hoje para mim.

Conversamos sobre amenidades, sobre os diferentes caminhos, inclusive os que já existem no Brasil.

"Já estive no Caminho do Sol, em São Paulo, no Caminho da Luz e no Caminho dos Anjos, em Minas Gerais, no Caminho da Fé, entre São Paulo e Minas Gerais, no Caminho das Missões, no Rio Grande do Sul, em Passos de Anchieta, no Espírito Santo, no Caminho nos Passos do Padre Ibiapina, no Pará, e, mais recentemente, no Caminho de Santa Paulina e no Caminho de Volta à Ilha, em Florianópolis, ambos em Santa Catarina", comenta ele, orgulhoso.

Entre um gole e outro de café, noto uma van estacionar em frente ao albergue. Desce do carro um senhor grisalho, bem acima do peso, usando suspensório. Thomaz também atenta à sua chegada.

"Bem na hora!", diz, e apresenta-me a Jesús María, taxista, que veio deixar os remédios.

"Bem-vindo, amigo! Que alegria vê-lo", diz Thomaz, enquanto o abraça carinhosamente. "Sente-se aí, pegue uma xícara e tome um café com a gente."

Enquanto os dois conversam animadamente, com a licença do anfitrião, decido andar pelo refúgio. Quero conhecer o espaço. Caminho pela casa, vou até o segundo andar, observo a cozinha. Em nenhum momento vejo um banheiro ou chuveiro. Sem água e sem energia elétrica, imagino como, nos tempos atuais, Thomaz consegue receber adequadamente os peregrinos. Encontro um sistema de coleta da água da chuva, mas, devido à falta de manutenção, está entupido, cheio de folhas e limo, praticamente inoperante. Conserto-o.

Depois, de longe, observo os dois conversando animadamente. Caminho pelo entorno da casa, examinando mais detalhadamente o albergue, e percebo que a estrutura instalada está boa, falta somente um pouco de investimento. Tento pensar em soluções. Estou absorto, sentado sobre uma rocha, aspirando por algo que possa fazer para este local, quando ouço Thomaz me chamar.

"Peregrino, peregrino!"

Vejo-os de pé e já se despedindo. Sem me perguntar nada, Thomaz sugere:

"Acompanhe Jesús, ele vai levá-lo até a próxima parada. Descanse hoje também e só retome a caminhada amanhã, entendeu?", fala com as duas mãos nos meus ombros e olhando nos meus olhos.

Como minha mochila já está arrumada, basta colocá-la nas costas. Também não questiono, apenas aceito. Sinto-me como um menino sendo cuidado pelos pais.

"Gratidão, amigo. Muita gratidão pela acolhida e pelos ensinamentos", digo a Thomaz.

Méritos

"Gratidão a você, querido peregrino. Gratidão pela oportunidade de servir."

Tento imitar o abraço fraterno que ele havia trocado com o taxista, forte e demorado. E Thomaz sussurra ao meu ouvido: "Siga sua intuição, bata na porta e ela se abrirá".

Quando desfazemos o abraço, nos olhamos firmemente.

"Imaginei que tu ias me falar mais sobre o Vale do Silêncio, lembras?"

"Sim, não me esqueci. Na hora certa vai saber", diz ele e pisca com seu olho esquerdo quase que escondido sob as enormes sobrancelhas.

De novo, decido aceitar os fatos, sem contestá-los. Desço com cautela até o carro e coloco a mochila no porta-malas, que está aberto. Jesús María me espera em seu interior, já com o motor ligado. Aceno mais uma vez para Thomaz e descemos o morro por uma via asfáltica. Estamos a 1.500 metros de altitude e descendo para os 500 em cerca de 15 quilômetros.

Ao lado da *carretera*, observo as trilhas entre as árvores e, às vezes, cruzando o asfalto. Vejo o movimento de peregrinos e alguns bicigrinos pela manhã. Passamos por El Acebo, depois por Riego de Ambrós, até alcançar a cidade de Molinaseca, com menos de mil habitantes. Observo ao lado esquerdo o rio Meruelo, de águas límpidas e frias, até mesmo no verão, que corta a cidade e passa por baixo de uma ponte medieval de sete arcos. Mais à frente, reconheço José Luiz e Mara, hospitaleiros brasileiros do albergue onde me hospedei em outras jornadas. Peço para Jesús María parar o carro e dou um afetuoso abraço no casal amigo. Como é bom reencontrar pessoas queridas quando estamos longe de casa.

"Sei que não vai ficar conosco desta vez", Mara fala, mansamente. "Mas lembre que estamos contigo. Somos todos peregrinos existenciais, cada um na sua jornada."

Sigo com Jesús em direção a Ponferrada. Mas o taxista me surpreende estacionando na frente do albergue Santa Marina. Não entendo o porquê de estar ali, já que abre depois do meio-dia. Atônito, vejo Jesús

E THOMAZ SUSSURRA AO MEU OUVIDO: "SIGA SUA INTUIÇÃO, BATA NA PORTA E ELA SE ABRIRÁ".

Todo caminho é sagrado
@ofilosofoperegrino

María sair e contornar o carro pela frente até chegar ao meu lado e abrir a minha porta.

"Vamos?"

Saio do carro e o sigo até a porta principal que, ao contrário do que eu pensava, está aberta. Somos recebidos pelo hospitaleiro Alfredo, que por muitos anos trabalhou no albergue municipal e agora tem o seu próprio.

"Que bom que veio, amigo peregrino", diz Alfredo, antes de me abraçar.

Sentamo-nos os três em uma roda na área de refeição do albergue, compartilhando um chimarrão, enquanto duas mulheres e um jovem arrumam o ambiente para receber os peregrinos que começariam a chegar em breve.

"Sabe, Alfredo, este é o meu oitavo Caminho."

"Sim, eu sei."

"E eu estou à procura de uma resposta que até agora não encontrei."

"Sim, eu sei", repete, ainda me olhando com olhos grandes, olheiras bem escuras e demarcadas, enquanto enrola as pontas do bigode.

Permaneço em silêncio, enquanto observo que o taxista se levanta discretamente, deixando-nos a sós.

"Você quer encontrar com ele, não quer?"

Pela primeira vez alguém fala diretamente comigo sobre essa possibilidade.

"Sim", respondo, firmemente.

"Se realmente aspira a isso, sem desejar, com gratidão e aceitação, é só seguir seu caminho que isso ocorrerá", profetiza.

"Mas...", penso em argumentar, contudo, calo-me. Percebo que Alfredo conversa comigo sem verbalizar.

"Tenho só mais uma coisa para te dizer", olha-me Alfredo, enquanto nos levantamos.

"*Buen camino* e ore por mim em Compostela."

Ao que respondo com leveza no coração:

"Gratidão! Com certeza, lembrarei de ti aos pés do Santo", respondo com o coração leve.

"Ah. Uma coisa mais: pare de estabelecer metas."

Ao levantar da cadeira, posso ver que o motorista está na outra sala ajudando os hospitaleiros. Percebo uma irmandade tão bonita no Caminho que jamais tinha visto antes. Parece um outro Caminho no Caminho; parece que um Caminho antes invisível agora se abre para mim. Muitos reclamam que há mais turistas do que peregrinos, mas, se observarmos melhor, para encontrar esses caminhantes raros, basta um novo olhar. A vista de um ponto é só um ponto de vista.

Caminhamos devagar até a porta de entrada, aberta por Jesús María, e nas despedidas, abraçamos Alfredo.

"Deixe o nosso amigo peregrino lá. Depois, se puder, retorne aqui para resolvermos a questão daquela outra, que deve chegar em poucas horas", orienta o hospitaleiro.

Entramos no carro e seguimos em direção a Ponferrada, a menos de 8 quilômetros. Diferente da descida íngreme desde Manjarín, agora seguimos em uma estrada quase plana. Passa das 10h30 quando avisto o imponente Castelo dos Templários, na cidade, construído há cerca de mil anos. O motorista apenas diminui a velocidade do carro e segue adiante. Não pergunto aonde vamos.

Por uma estrada asfáltica, muitas vezes o mesmo trajeto dos peregrinos, seguimos o nosso caminho. Passamos por Columbrianos, Fuentes Nuevas, Camponaraya e Cacabelos, uma bonita cidade com cerca de 5 mil habitantes. Aqui, o taxista para o carro e me convida para almoçar na casa de comida La Moncloa.

Já passa um pouco do meio-dia e recebo uma ligação de Roberto Ross, um amigo espanhol que conheci em minha primeira peregrinação a Compostela. De lá para cá, sempre nos reencontramos em caminhadas ou em algum povoado. Em algumas ocasiões, caminhamos alguns dias juntos, sua companhia é muito prazerosa.

Enquanto Jesús María almoça, sento-me sob uma árvore para conversar com Roberto. Ele conta que está desenvolvendo um projeto de aquecimento solar e busca parceiros para seus experimentos. Lembro-me do albergue de Thomaz, em Manjarín, e sugiro iniciar por ele.

"Amanhã mesmo vou a Manjarín falar com Thomaz. Imagino que seja uma boa oportunidade para ambos", disse Roberto, agradecendo pela sugestão. "Considere feito, amigo. Seu sonho é meu sonho, seu Caminho é nosso Caminho."

Ele quis saber das novidades da peregrinação, era um dos poucos que conheciam a minha inquietação. Conversamos sobre a minha saga neste oitavo Caminho. Faltando menos de 200 quilômetros para chegar a Santiago, até agora, a meu ver, não encontrei nenhuma resposta.

"Muita porta se abrindo para cima, mas nada se fechando, amigo", digo a ele.

"Confie, confie, e se entregue, amigo. Vai alcançar seu propósito."

Depois dessa fala, fico em silêncio por alguns segundos, refletindo sobre o que acabara de ouvir. Será que o Roberto já viu o velho e não me falou nada? Só retomo o diálogo quando o ouço perguntar:

"Amigo, amigo... Ainda está aí?"

"Sim."

Mas também não quero seguir na onda de especulação. Decido seguir meu propósito de ouvir os sinais e seguir minha intuição. Despedimo-nos e combinamos de nos reencontrar quando eu chegasse a Compostela.

Quando desligo o telefone, percebo que Jesús María vem em minha direção com um *bocadillo* de queijo e uma garrafinha de suco de pêssego. "É para te alimentar. Precisamos chegar antes das 14 horas em Villafranca del Bierzo."

Entramos no carro e seguimos viagem, agora com destino e horário. Sinto-me um pouco cansado, mas nada confuso. Na verdade, sinto uma força interior me empurrando e estou confiante. Adormeço em uma posição desajeitada no banco da frente do táxi e acordo com o taxista me avisando: "Chegamos!".

Estou um pouco tonto e com o corpo dolorido. Talvez por ter dormido de mal jeito e acordado abruptamente. Esfrego os olhos com as costas das mãos, como se tentasse desanuviá-los. O foco das coisas retorna aos poucos e consigo ler uma placa com letras finas e pretas em um fundo branco: *"Peregrino, ¿Quién te llama?... ¿Qué fuerza oculta te atrae?"*.[8]

Estou no Albergue Ave Fénix, em Villafranca del Bierzo, na casa de Jesús Jato, mais uma lenda do Caminho, que está na terceira geração de hospitaleiros e já gerou a quarta, já que seus filhos também recebem peregrinos. Estou a 177 quilômetros de Santiago de Compostela.

Saindo do carro, vejo Jesús Jato vir ao meu encontro de braços abertos, de bermuda e camiseta do Brasil, com cabelos brancos e uma voz rouca e inconfundível.

"Bem-vindo, peregrino brasileiro! Bem na hora, hein?", comenta com um sorriso nada raro no rosto deste hospitaleiro, um dos últimos da velha geração.

"Gratidão, Jesús!"

Chegamos um pouco antes do horário, já que nosso limite era 14 horas. Ainda não entendo o porquê, mas espero entender em breve.

"Venha, siga-me. Deixa que eu levo a sua mochila."

O taxista Jesús María arranca com o carro sem se despedir. Resta-me a gratidão silenciosa e um aceno. Ele põe a mão esquerda para fora da

---

8 "Peregrino, quem o chama?... Que força oculta o atrai?" Poema atribuído a Don Eugenio Garibay Baños (1932–2018), sacerdote espanhol, inscrito em muro de concreto na entrada do município de Nájera. (N. E.)

A VISTA DE UM PONTO É SÓ UM PONTO DE VISTA.

Todo caminho é sagrado
@ofilosofoperegrino

janela, também acena e grita: "Bom caminho, peregrino! E não esqueça de orar por mim em Compostela".

Jesús Jato dá passos largos e tento segui-lo. Passa pelos aposentos coletivos e me leva a um quarto com somente uma cama de casal.

"Pronto. Vai ficar aqui hoje. É quase um esconderijo, quase ninguém sabe que temos este quarto. Ele é reservado, principalmente, para os peregrinos adoentados e que necessitam de uma atenção especial", explica. "Agora, descanse, e pouco antes das 18 horas vamos nos encontrar na entrada do albergue, pode ser?"

Já aceitando o fluxo dos acontecimentos, não hesito em responder:

"Claro, querido amigo hospitaleiro. Vou descansar e estarei lá embaixo no horário proposto."

"Ótimo! Se seguirmos as orientações dele, teremos grandes chances de você retomar a sua caminhada amanhã", diz meu anfitrião, e completa: "E não se esqueça de que amanhã ainda temos o Vale do Silêncio".

Enquanto termina de falar, Jesús Jato coloca a chave pelo lado de dentro da fechadura, deixa o quarto e fecha a porta.

Reflito sobre o que acabara de ouvir. Fixo-me em "as orientações dele" e "retomar a sua caminhada amanhã". Como ele sabe que o velho havia me dito para ficar dois dias de resguardo? Por que ele disse "temos o Vale do Silêncio"? Como sabia disso?

Lá estava eu, mais uma vez, com estas e muitas outras perguntas em mente, quando adormeço. Parece que estou me recuperando de um tempo de pouco descanso e acumulando forças para um tempo de muita dedicação.

Acordo um pouco depois das 17 horas sentindo um leve frio, embora ainda haja sol lá fora. Aproveito para arrumar minhas coisas, tomar uma ducha no banheiro da suíte e tomar nota de alguns *insights*.

Falta pouco para as 18 horas. Desço as escadas e revejo alguns peregrinos que encontrei durante a jornada. Observo que no vaso onde são depositados os cajados dos peregrinos há pelo menos dois iguais aos que o velho usa. Faço uma nota mental para observar se são peregrinos conhecidos ou outros com quem não tive contato. Nos quartos, mesmo que *en passant*, não vejo nenhuma bolsa parecida com a que o velho esqueceu no Caminho.

Enquanto aguardo, sento-me em um banco de madeira na entrada do albergue. Observo a chegada de alguns peregrinos que, por sorte, encontram lugar para pernoitar. Alguns caminhantes já recolhendo as roupas secas no varal, grupos trocando impressões sobre o Caminho, jovens gargalhando facilmente em torno de uma garrafa de vinho, peregrinos cuidando de bolhas nos pés. Tudo é caminho.

Já passa das 18 horas e não vejo Jesús Jato. Será que ele falou 6 da manhã ou da tarde? Como saber? Só mesmo perguntando a ele.

Às 18h30 resolvo caminhar um pouco em torno da casa, observando cada quadro ou vitral. Não toco em nada, contento-me em olhar. Sigo assim até chegar à porta da cozinha, onde avisto Jesús Jato na alquimia dos alimentos, preparando o jantar. Meu olhar é de admiração. Ele está focado nas panelas quentes sobre o fogão, quando nossos olhares se cruzam. Ele deixa tudo para me abraçar. Está interessado em saber como estou e digo que me sinto maravilhosamente bem.

"Alegro-me! Às 20 horas vamos servir o jantar e, como combinamos, amanhã, às 6 horas, encontramo-nos na frente do albergue. Vamos ao Vale do Silêncio."

"Combinado, querido amigo. Combinado!"

Ao voltar aos seus afazeres, ouço ele dar uma boa gargalhada, como jamais havia visto: "Viva!".

Um minuto depois das 20 horas, Jesús Jato chama todos para o jantar. Posiciona cada um nas mesas, separando os amigos e os peregrinos do mesmo país. Quando uma peregrina reclama e tenta mudar, ele exige firmemente.

"Não. A senhora vai se sentar longe da sua amiga."

Mesmo contrariada, a peregrina obedece.

"A senhora é francesa, não é?"

"Sim."

"Só pode ser", diz ele, em tom sarcástico, me olhando, mas completa: "Estou brincando".

Com todos à mesa, o próprio Jesús Jato puxa uma oração, ressaltando a peregrinação, a amizade, o amor e a saga de Santiago. Depois, serve os pratos, e o jantar transcorre em um clima de muita amizade. Temos salada de alface, tomate, pepino e cebola de cabeça. Arroz, lentilha e omelete de queijo. Para beber, água e vinho. Ao meu lado esquerdo, um mexicano, ao lado direito, uma belga, à minha frente, um espanhol. Falamos animadamente, às vezes em espanhol, às vezes em inglês, e até em português, pois os três se interessam pelo idioma e querem saber algumas expressões básicas como "bom dia", "boa noite", "bom caminho" e "gratidão".

Pouco depois das 21 horas, decido ir para o quarto. Na porta da cozinha, agradeço a Jesús pelo gostoso jantar e desejo-lhe boa noite. "Boa noite e até amanhã cedo!", ele retribui.

No silêncio do meu quarto, lembro os dois últimos dias. Meu encontro com o velho, o acidente com o pé esquerdo, minha estada em León no albergue das irmãs Carbajalas, meu pernoite com Thomaz, em Manjarín, e, agora, esta noite com Jesús Jato e sua promessa de me acompanhar ao Vale do Silêncio. Aonde tudo isso vai me levar? Aceito o que vier.

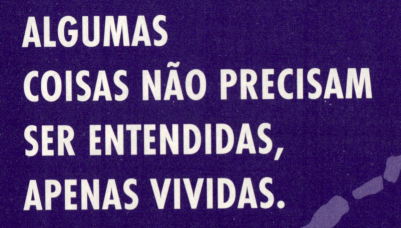

ALGUMAS COISAS NÃO PRECISAM SER ENTENDIDAS, APENAS VIVIDAS.

O silêncio que fala alto

A noite não foi tranquila. Não consegui controlar as expectativas e a ansiedade. Às 5 horas da manhã, já estou de pé, com a mochila pronta. Lá fora, ainda está escuro e o silêncio no refúgio só é quebrado pelo estrondoso ronco que, deduzo, seja de algum peregrino no quarto ao lado. Sinto que meu pé está melhor, e isso me dá segurança para enfrentar a caminhada do dia pelo Vale do Silêncio.

Antes das 6 horas, desço para aguardar Jesús Jato e encontro-o na cozinha preparando nosso *desayuno*.

"Venha, sente-se. Vamos nos alimentar, pois hoje o dia vai ser de grandes emoções."

Grandes emoções? Aproximo-me daquele senhor de quase 2 metros de altura e, na ponta dos pés, dou-lhe um forte e caloroso abraço, que é retribuído.

"Não dormiu bem, não é?"

"Como sabes?"

"Intuição, peregrino. Intuição." E não diz mais nada.

À mesa, temos ovos fritos, bolo, pães, torradas, chocolate, suco de uva, frutas e iogurte.

"Coma o que quiser e leve alguma coisa para a viagem", sugere Jesús Jato.

Ele diz que só levará uma mochila pequena.

Procuro lembrar se tenho algum alimento na mochila e concluo que não. Penso em parar em um restaurante ou mercado e decido não levar nada, apenas água.

Pouco depois das 6 horas, pegamos o carro, uma Land Rover branca tracionada do modelo mais antigo, muito robusta. Até Ponferrada, vamos de faróis acesos e em silêncio por uma via asfáltica de duas mãos. Villafranca del Bierzo fica a 26 quilômetros de Ponferrada, distância que percorremos em menos de trinta minutos. Dali, seguimos em direção a Peñalba de Santiago, vilarejo onde está o Vale do Silêncio. São exatos 21 quilômetros entre Ponferrada a Peñalba, mas a viagem leva mais tempo, pois a estrada requer muita atenção. O sol ainda não deu as caras por inteiro e imagino que isso só ocorra mais tarde, por conta das montanhas.

Dou uma leve tossida, dessas de elevador, como quem pede ao outro que diga algo. Só consigo uma olhada rápida e um sorriso discreto de Jesús Jato, que parece testar minha paciência. Recolho-me e me entrego ao momento presente, sem julgar, quero apenas acolher o que está por vir.

Jesús Jato estaciona o carro, sem desligar o motor. Deduzo que chegamos ao destino, pois leio uma placa com os dizeres: "*Bienvenido* a Peñalba de Santiago". Ele salta do carro, tira minha mochila do porta-malas e vem ao meu encontro. Rapidamente, também o faço. Ele me dá um forte abraço, olha nos meus olhos, como se quisesse dizer algo, entra no carro e sai.

Fico ali, de pé, atônito e sem entender. Minutos depois, decido me sentar sobre a mochila para refletir, quando percebo que Jesús Jato havia deixado sobre ela um pote de vidro pequeno, desses de conserva de pepino ou palmito, bem comum nos supermercados. Sem identificação, todo transparente, tampa branca e, dentro, um líquido de cor avermelhada, cor de terra. Seria ayahuasca?

O silêncio que fala alto

Abro cuidadosamente o vidro e percebo que o líquido não tem o cheiro da bebida sagrada da Amazônia, resultado da mistura de dois cipós, a chacrona e o mariri. Toco a substância com o dedo indicador da mão direita e levo à boca: é apenas água, água barrenta. Por que Jesús Jato me deixaria um vidro de conserva com água turva? Qual o significado disso?

Primeiro, sou tomado pelo sentimento de abandono, um enorme vazio começa a me preencher. Mas, conscientemente, decido não dar vazão a isso. Prefiro atentar a outros sentidos e percebo uma nova força interior que conduz as minhas ações. Encontro-me em uma imensidão verde e vislumbro um vale que faz jus ao nome Vale do Silêncio. Antes das 8 horas, sigo serpenteando pelas ruelas revestidas de pedra, sentindo-me abraçado pelas casas com paredes e telhados também de pedras, uma mais bonita e aconchegante do que a outra.

Com a mochila nas costas, o vidro de água barrenta cuidadosamente protegido em seu interior, caminho solitário pelo vilarejo até encontrar uma senhora de baixa estatura, cabelos brancos e meio arqueada pelo tempo. De longe, ela levanta a cabeça como se confirmasse quem vinha e, com uma fisionomia descontraída, acena efusivamente e aponta um caminho para a direita. Retribuo o aceno e sigo a jornada, mesmo sem entender, mas agora com passos mais firmes. Uma placa indica: *"Cueva 2 kilómetros"*.

Aos poucos, deixo o vilarejo e sigo adiante, comovido por estar ali, naquele lugar lindo e acolhedor, e por sentir que estou no caminho. O chão de pedras está desgastado, guarda a memória de passos seculares. Ouço apenas o canto dos pássaros e do rio que caminha à direita ao encontro do mar. Atravesso pequenas pontes e sigo as flechas em direção à cova de San Genadio, um santo espanhol que sempre acorria ao local para rezar, meditar e ficar em silêncio. Contorno as encostas do morro, às vezes em condições perigosas, mas continuo em frente. Subo, para minha alegria, sem dor no tornozelo ou no pé.

Pouco depois das 9 horas, chego a um patamar com mais espaço para caminhar e ali, junto à montanha e incrustada na pedra, está a caverna do santo. Desafivelo a mochila em uma sombra, bebo quatro goles de água e observo imóvel aquele lugar imponente, a caverna que avança sobre a rocha.

Ao longe, consigo ver a comunidade de Peñalba, com suas pequenas casas, mas ainda ouço apenas o alarido das aves e o correr do rio. Caminho um pouco, saboreando cada minuto, cada instante. Caminho outro tanto e desfruto ainda mais do entorno, sem pressa, sem entrar na caverna. Dou as costas à cova e, diante do espaço verde e vazio, medito como se eu fosse uma montanha. Como se fosse um objeto, não um sujeito. A ideia é tentar me desfazer temporariamente de qualquer identidade, papéis existenciais, ego, esvaziar minha mente e, assim, aquietar meu espírito. Livrar-me das amarras que não me permitem conectar comigo mesmo. Sendo uma montanha, um objeto, esqueço de mim.

Como estou confortavelmente sentado sobre uma pedra e sob a sombra de uma árvore, permaneço meditando por um bom tempo. Já perto das 11 horas, levanto-me, pego a minha mochila e vou para a entrada da gruta. Percebo ali uma porta de ferro sem cadeado, o que me faz crer que posso entrar.

Dentro, um altar simples, com fotografias e esculturas de madeiras do santo. Acima, à direita do altar, um buraco estreito, provavelmente habitado por pássaros e outros bichos.

Percebo que ainda estou com a mochila nas costas e a encosto em uma das paredes. Dela, retiro o vidro e o deposito sobre o altar. Procuro algo para comer. Nada! Será que terei de ir ao vilarejo? E se não encontrar nenhum restaurante aberto?

Inconformado, remexo na mochila e descubro escondida, para meu alento, uma barra de chocolate amargo. Abro cuidadosamente a embalagem, enquanto me assento melhor no chão de pedra para saborear, sem dúvida, o melhor chocolate da vida.

O silêncio que fala alto

Quase sem querer, olho para o altar e vejo o vidro de água avermelhada. Agora, parece que a cor está mais clara, a água, mais transparente. Será? Talvez seja ilusão devido à claridade da caverna.

A fim de fazer o reconhecimento do local e também encontrar água, faço algumas incursões por trilhas próximas, sem nunca perder de vista a entrada da caverna, já que deixei a mochila ali. Não consigo, entretanto, encontrar uma fonte de água. Para encher o cantil, terei de descer boa parte do morro. Enquanto reflito sobre o problema, encosto a cabeça na parede de rocha inclinada. Durmo e só acordo tempos depois com uma voz masculina forte:

"Peregrino, peregrino!"

"Sim, senhor. Estou aqui dentro."

"Como está?"

"Estou bem. Esqueci de trazer água e alimento, mas pensava em pernoitar aqui hoje. Posso?"

"Não se pode", disse, "mas hoje você pode pernoitar aqui!", completa com um discreto sorriso, meio sapeca, de velhinho feliz.

Pedro Antonio González – que prefere ser chamado de Pepo González – beira os 80 anos, com cabelos e bigode brancos, olhos azuis e uma voz potente para a idade. Mostrou ótima disposição, subindo o morro e ainda chegando com esse fôlego. Fico tranquilo diante de sua fala, confesso, já que decidi não mais perguntar por muita coisa, apenas aceitar. Só isso.

"Imaginei que estaria sem água e sem alimento e decidi te trazer algo. Pega!", diz, estendendo o braço.

Em um misto de emoção, arrepio e sincronicidade, pego o pacote de papel que ainda está fechado. Tem sementes de girassol, água, um sanduíche de queijo, outro com ovos mexidos ainda mornos e uma garrafa com um líquido espesso de cor verde-musgo e um cheiro estranho de ervas silvestres.

"Aproveite e coma a tortilha de ovos", sugere.

A IDEIA É TENTAR ME DESFAZER TEMPORARIAMENTE DE QUALQUER IDENTIDADE, PAPÉIS EXISTENCIAIS, EGO, ESVAZIAR MINHA MENTE E, ASSIM, AQUIETAR MEU ESPÍRITO.

Todo caminho é sagrado
@ofilosofoperegrino

O silêncio que fala alto

Pego o suco verde para saborear com o alimento, mas Pepo me interrompe e diz para eu deixar o suco para mais tarde, bebê-lo em pequenos goles nas próximas horas. Em seguida, ele olha para o céu, coloca uma das mãos com a palma para cima para fora da gruta e diz que em breve vai chover e precisa ir.

"Espere, vamos conversar um pouco."

"Já falei demais."

Antes de sair, aponta para o vidro no altar, junta as duas mãos e faz uma reverência. Ouço nitidamente o som das suas passadas afastando-se. Devido à localização da caverna em relação ao sol, anoitece um pouco mais cedo. Mesmo de longe, ainda é possível ouvir o velhinho cantar uma canção: "*Tierra mi cuerpo, agua mi sangre, aire me aliento, fuego mi espiritu*". A canção me arrepiou da cabeça às canelas. Estou atônito com tudo o que passou neste dia. Primeiro Jesús Jato, que não fala nada, depois a velhinha, que aponta a direção da gruta, e agora este senhor, que me salva da fome e da sede.

Uma chuvarada despenca menos de uma hora depois. Sento-me próximo ao altar, de onde ainda consigo ver os pingos grossos de encontro ao chão, começando a formar poças. Incrivelmente, o interior da "capela" permanece seco e aconchegante.

Já são quase 18 horas e o sol se esconde atrás da montanha. A escuridão vai lentamente tomando conta da gruta e, para aproveitar o pouco de claridade que resta, ajeito meu ninho para dormir. Coloco o tapete de alumínio sobre as pedras no chão e, sobre ele, o saco de dormir.

Escurece rapidamente e preciso ligar a lanterna, que deixo em cima do altar, ao lado do vidro com água. Olho um pouco melhor e desconfio que a água está mesmo mais clara. A terra parece se concentrar no fundo do vidro. Dou pequenos goles no suco verde, degustando como se fosse um bom tinto de Rioja. O aroma e o gosto são completamente desconhecidos ao meu paladar, mas a cada gole fica melhor.

Para não dormir tão cedo, decido fazer alguns exercícios de yoga e relaxamento. Quando já está bem escuro lá fora e a chuva cai menos intensa, mas contínua, entro no saco de dormir, desligo a lanterna e tento descansar. Reflito sobre o que poderia estar acontecendo comigo. Ouço animais silvestres bem perto da caverna e o chilrear de uma coruja. Conecto-me aos sons próximos e também distantes da natureza e de tudo ao meu redor.

Minha mente busca explicações, mas minha consciência intervém e lembro-me de focar no "sentir", deixar o "pensar" um pouco de lado. A caverna, os animais, as árvores, as flores, as pedras, o rio, tudo neste instante sou eu. Ouço a coruja se aproximar e pousar sobre o altar. Pousada a menos de 1 metro de mim, escuto seu chilrear e, como em um estado de transe, adormeço.

Na manhã seguinte, ainda não sei exatamente a hora, percebo o cantar dos pássaros anunciando um novo dia. Cinco horas? Talvez 6 ou, quem sabe, 7. Decido não me mexer, permaneço de olhos fechados e lembro exatamente o sonho que tive. Eu voava junto com a coruja. Ela me puxava pelas mãos, e eu, mesmo incrédulo, me deixava levar. Lembro que, desatento ou desajeitado, rocei minha orelha direita em uma árvore bem alta, provocando um arranhão, deixando uma pequena ferida. "Confie", dizia ela telepaticamente após o esbarrão com a árvore. "Confie e se entregue." Naquele lugar onde estávamos, tudo era gratidão, dava para sentir.

Sua voz, sóbria como uma flecha, atingia a minha alma. Ela perguntou se eu queria saber sobre antes ou durante o Caminho. Sem entender o que queria dizer, respondi: "Durante o Caminho". Imediatamente, como em uma tela de cinema, refletida na montanha de neve, muitos momentos começaram a passar. "¡Mira!", disse, com voz angelical.

Como em um transe, vi nitidamente quando, na viagem aérea para a Europa, segurei o bebê da mulher ao meu lado para que ela fosse ao banheiro; quando, no aeroporto em Madri, ajudei financeiramente o

O silêncio que fala alto

homem que disse que havia sido roubado e não conseguia voltar para casa; quando devolvi o troco dado a mais, na compra da passagem de trem de Madri até Pamplona; quando acolhi o empresário brasileiro Francisco em Saint-Jean; quando ajudei o soldado Dan a se libertar do seu peso de consciência; quando fui pontual com as três Marías, as irmãs espanholas; quando emprestei meus ouvidos ao médico espanhol; quando ajudei no planejamento do albergue das irmãs Carbajalas; quando contribuí para mais conforto no refúgio de Thomaz, em Manjarín. Estas cenas juntas me fizeram ver o quanto eu estava ajudando as pessoas. Entendi finalmente o significado de "mérito". Entendi que os "porquês" e os "para que" são freios existenciais que nos prendem a esse mundo mecânico.

Depois de a coruja expor em imagens um pouco das coisas boas que fiz durante o caminho, faço a ligação com a sua pergunta inicial: "Quer saber sobre antes ou durante o Caminho?". Veio esse filme na tela, porque respondi "durante", mas, provavelmente, se tivesse respondido "antes", ela me mostraria outra porção de boas ações como essas. Em seguida, o espírito de luz que busquei por todo o percurso aparece em minha frente e entra em mim. Neste momento, acordei.

Depois de refletir sobre o sonho, confortado e leve, começo a me mexer, a me espreguiçar, e abro os olhos. Alongo-me, um hábito que aprendi ainda pequeno e que garante um dia mais pleno. Já sentado, corro as mãos nos olhos, como se os quisesse acordar mais rápido. Sinto fome. Passeio meus olhos pela gruta, paro no altar e vejo o vidro de água, antes barrenta, agora totalmente límpida. No fundo, a argila e, em cima, a água. Sinto um arrepio e "eureca!", tudo faz sentido agora.

Foco a mensagem do vidro que antes estava com água turva, mas, agora, depois de uma noite sem ser tocada, está com duas divisões bem claras: a água e a argila. É isso! Para realmente enxergar, precisamos parar, silenciar, deixar que decantem, pois só assim poderemos acessar verdadeiramente quem somos. Do contrário, seguiremos reproduzindo um padrão que às vezes não é nosso. E, assim, sem merecimento, passaremos pela existência de modo vazio e infeliz.

Estou me sentindo pleno. Minha felicidade não cabe em mim após este lindo *insight*. Percebo o quanto caminhei para chegar a este dia, em que me encontro comigo, dentro de uma gruta de pedra, sem ninguém para comprovar. Somente eu.

Começo a me levantar, roço a orelha no fecho do saco de dormir e sinto uma dor. Noto uma pequena ferida com sangue já coagulado, seco, quando passo a mão. Logo, lembro-me do sonho, da levitação, da coruja me guiando, do arranhão na árvore.

Depois de alguns segundos atônito, decido não tentar entender. Abro os braços, fecho os olhos, sinto a brisa e dou um grito: "*Buenos días*, silêncio! *Buenos días*, árvores! *Buenos días*, montanha! *Buenos días*, coruja!", e ela retribui batendo as asas e voando para o infinito.

Arrumo minhas coisas e também o local, deixando-o mais limpo do que o encontrei, e ponho-me a caminhar de volta para o vilarejo de Peñalba de Santiago. Desço calma, lenta e silenciosamente, como se não tivesse pressa para mais nada, pois já cheguei ao fim. Sim, já cheguei aonde queria e encontrei o que queria: a mim mesmo! Sinto-me pleno, inteiro, em harmonia com o todo, em paz! A experiência foi tão forte e impactante que decido deixar o vidro no mesmo local da noite anterior. Na verdade, depois de o depositar sobre o altar, não encostei mais nele. A vivência foi uma expansão de consciência, uma abertura para uma nova forma de pensar e de ser, sem volta. Um salto quântico, talvez.

São quase 9 horas da manhã quando chego ao vilarejo. O sol bate sobre os telhados de algumas casas mais altas, aquecendo aos poucos o dia. Ando pelas ruas e não encontro ninguém. Quando chego à entrada, exatamente no lugar onde Jesús Jato havia me deixado no dia anterior, coloco minha mochila no chão e decido me sentar nela. Aguardo as coisas se sucederem e espero o que o caminho me reserva para o dia. Dias atrás, logo após o encontro com as irmãs Carbajalas, optei por viver assim e, desde então, tenho recebido plenitude e alegria.

Minutos depois aponta um táxi, que deixa um casal com malas. Ouço combinarem com o taxista para buscá-los no dia seguinte. Após partirem, o taxista desliga o carro e continua ali. Aproveito a oportunidade para interpelá-lo pelo vidro semiaberto:

"Bom dia! O senhor pode me levar para Villafranca del Bierzo ou está ocupado?"

"*¡Hola!*", sorri discretamente. "É o peregrino que Jesús Jato deixou aqui ontem?"

O fato de ele saber quem sou não mais me surpreende, após tantas sincronias.

"Sim, sou eu mesmo. Gostaria de ir até ele novamente. O senhor me leva?"

O taxista desce do carro, coloca minha mochila no porta-malas e me convida para entrar. Assim o faço. Começo minha viagem de retorno, embora saiba que a gente nunca volta. Sou prova viva, já que a pessoa que foi para a cova do santo não é a mesma que saiu de lá. Sinto-me transformado, sem nenhuma expectativa, simplesmente aproveitando o presente; sem dúvida, uma grande elevação espiritual.

Olho para as árvores e as vejo como árvores, como frutos, como casas, como sementes, como adubo. Sentado no banco da frente, ao lado do motorista, vejo o carro como um grande número de peças e equipamentos que, somados, hoje podem formar um carro, mas algum dia, não mais. O véu ilusório com que via as coisas como concretas e imutáveis deu lugar à lucidez de sua finitude. Seu início, meio e fim. Um conceito básico da impermanência e das coisas, sem o qual, sofremos. E sofremos justamente por causa do apego. Todos esses *insights,* eu tive enquanto me despedia daquele lugar abençoado.

Um rio de águas límpidas flui vagarosamente à direita da estrada. À minha esquerda, fito o motorista, que guia o táxi cuidadosamente. Seu nome é Roberto, um jovem espanhol com, no máximo, 26 anos. Diz que cursa Gastronomia e que trabalha no táxi do pai nas férias e nas horas vagas para juntar dinheiro. Conta que nunca fez o Caminho de Santiago, mas pensa em fazê-lo como rito de passagem quando terminar a faculdade, em dois anos. "Se Santiago ajudar", brinca.

Sigo compenetrado naquele misto de êxtase e alegria e, ao mesmo tempo, muito ligado a tudo ao meu redor, inclusive à fala de Roberto.

"Podes me deixar no refúgio Ave Fénix?", peço, dirigindo-me ao motorista.

"Não foi o que Jesús Jato pediu que fizesse."

"Como assim?"

"Ele me disse que, para garantir a saúde do seu pé, deveria te levar até a parte de cima d'O Cebreiro, e assim o farei. Pode ser?"

"Avante, amigo, o que é para ser já é. Estamos juntos!"

Recolho-me em pensamentos e reflexões sobre a situação em que me encontro nesse momento, colocando minha vida nas mãos de pessoas desconhecidas. E, mesmo assim, sinto-me seguro e feliz no caminho.

Ao meio-dia, já tínhamos passado Villafranca del Bierzo, atravessado a ponte sobre o rio Burbia e lentamente começávamos a subir. Passamos por Pereje, Trabadelo, La Portela de Valcarce, Ambasmestas, Vega de Valcarce e Las Herrerías. Aqui, Roberto propõe darmos uma parada para ir ao banheiro e depois comer algo. Uma boa ideia. Satisfeitos, peço a conta para seguirmos a jornada, mas o atendente responde: "*Es un regalo, peregrino*". Emocionado, dou-lhe um abraço apertado.

Antes das 13 horas, já estamos no carro e, alguns minutos depois, começo a sentir a pressão no ouvido. Das outras vezes, não senti tanto, pois subia lentamente, caminhando. Agora, de carro, a situação é outra.

Alcançamos a comunidade de Ruitelán, onde deixamos o trajeto tradicional de peregrinos e seguimos por uma via asfaltada, a mesma usada por bicigrinos – inclusive, encontro alguns pedalando por ali. Chegamos ao povoado d'O Cebreiro perto das 13h30. Este é um dos lugares mágicos

COMEÇO MINHA VIAGEM DE RETORNO, EMBORA SAIBA QUE A GENTE NUNCA VOLTA.

Todo caminho é sagrado
@ofilosofoperegrino

do Caminho de Santiago, pórtico de entrada da província da Galícia, cujo povo fala um português espanholado (ou seria um espanhol aportuguesado?). Em uma altitude de 1.330 metros, a vista é de encher os olhos e aquietar o coração. O povoado é místico e tem muitas lojas, de onde se ouve música céltica. Aliás, nesta pequena aldeia galega de casas de pedras com telhados de palha ou também de pedra, respira-se a cultura celta em cada pedaço de chão. Destaque para o primitivo templo de Santa María la Real de Cebreiro, parte restante de um antigo monastério de características pré-românicas, datado de 1702.

Despeço-me de Roberto com um forte abraço, agradeço pela atenção, pelo carinho e pela disponibilidade e, antes de deixá-lo, pergunto quanto foi a corrida.

"Foi nada, não, é um *regalo*."

"Como assim?"

"Méritos, meu querido. Méritos."

Acolho com alegria aquele deferimento. Minha mente aristotélica me diz que não há cafezinho grátis, alguém paga. Quem estaria pagando por tudo isso? Nesse momento, compreendo que se trata de uma recaída minha. Acolho esse pensamento, peço perdão a mim mesmo e resolvo exercitar a respiração em um banco aconchegante da igreja de pedra, onde o canto gregoriano possa acalentar meu coração, enquanto meus olhos se banham em prantos.

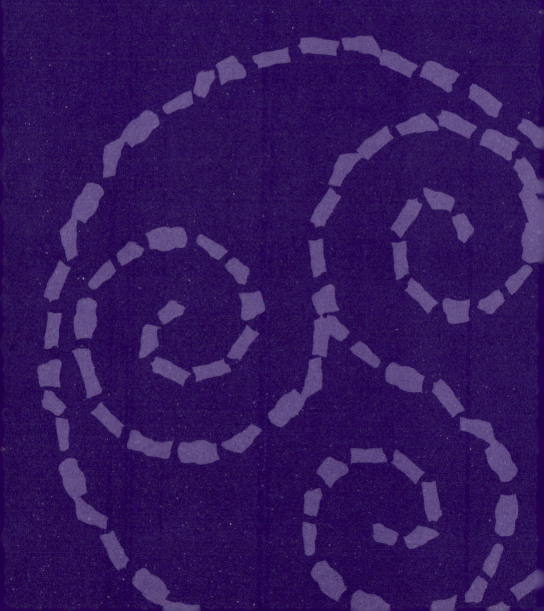

Centopeia peregrina

Enxugo as lágrimas. Penso em tomar um banho e descansar um pouco e lembro que perto daqui fica o albergue municipal de d'O Cebreiro. Caminhando sem pressa, mochila nas costas, serpenteio as ruelas de pedra e logo chego ao meu destino. Faço o *check-in* e vou direto para o quarto. Estico o saco de dormir sobre a cama e, em seguida, vou tomar uma ducha. Antes das 15 horas, retorno ao quarto. Ao meu redor, é intenso o movimento de peregrinos que, fatigados pelas exigências do caminho, buscam repor suas energias para enfrentar a jornada do dia seguinte. Decido fazer uma sesta.

São 16h08 quando desperto. Enrolo na cama inferior do beliche, enquanto ouço três peregrinos conversando. Um na cama de cima e os outros dois no beliche ao lado do meu. Pelo sotaque, são galegos. Falam sobre o Caminho e emendam em um tema que atrai minha atenção: o velho moreno claro de cabelos e barbas grisalhos e longos. Ouço claramente, mesmo quando falam muito rápido, que ele usava uma bata marrom até o calcanhar, capa preta, chapéu de palha, cajado e bolsa marrom.

Todo caminho é sagrado

É ele. Meus olhos se arregalam e minha mente desperta. Sento-me no beliche de costas para eles, o que dificulta o entendimento da conversa. Decido ficar de frente, enquanto simulo limpar a mochila pendurada na parede. Nesse momento, consigo olhar ao lado das mochilas que deduzo pertencerem aos três e lá está uma bolsa marrom.

"Sim, até agora não entendi como ele entrou e saiu de nosso caminho. Como vamos realizar o pedido que ele nos fez?", diz o peregrino que aparenta ser mais velho.

Os outros dois são muito parecidos, imagino que sejam gêmeos. Enquanto o refúgio permanece em uma penumbra, quase sem nenhuma conversa, esses três senhores sessentões cochicham freneticamente como adolescentes.

"O que me intriga é que perguntei para diversos peregrinos se eles tinham visto o velho barbudo e a resposta foi unânime: 'Que velho?'", diz um dos gêmeos.

"Assim como chegou, partiu sem deixar rastros, como se nunca tivesse existido", agora, o outro.

"Se fosse um delírio, seria só meu. Não poderia ser um delírio coletivo, dos três."

Nesse momento, relembro das vezes que busquei o paradeiro do velho. A maioria relatava que não o conhecia. Poucas pessoas, muito poucas, testemunhavam tê-lo visto. Então, em silêncio, concordo com o peregrino ao meu lado. Isso não é um delírio. O velho existe! Existe e deixou um pedido para os três peregrinos. Qual seria esse pedido?

Decido ficar por perto para acompanhar a movimentação dos três peregrinos e tentar descobrir mais coisas. Minutos depois, já próximo das 17 horas, vejo os três saindo, cada um com sua bolsa, rumo ao centro do *pueblo*. Caminham até a igreja de pedra centenária e, quando alcanço a porta, não os avisto ali dentro. Como podem três pessoas sumirem assim, se não há outra saída? Mas há uma: a sacristia.

Enquanto caminho rumo ao altar, o sino toca e as pessoas sentadas se levantam. É hora da missa.

A imagem de quatro homens com túnicas e estolas, os padres, caminhando no corredor central da igreja, me deixa surpreso. Dos quatro, três são peregrinos, os meus vizinhos de cama, e o último deve ser o pároco da catedral. Diante da situação, concluo que não há nada a fazer, senão me sentar. Acompanho a missa com o entusiasmo de um seminarista, em uma espécie de transe, e custo a acreditar no que está acontecendo.

Espero o fim da missa e sigo os três padres peregrinos até um restaurante próximo. Depois de pedirem suas refeições, vou até a mesa e me apresento. Sou bem acolhido.

"Viva, mais um peregrino brasileiro!" Eles levantam suas taças e brindam.

Em seguida, pedem mais uma taça de vinho e me convidam a sentar com eles: José Palácios, um padre de 64 anos, pároco de Lugo, e os irmãos Luiz e Lucas, com 61 anos, um pároco em Ourense e outro, em Vigo.

"Conte-nos. Qual o motivo pelo qual faz o Caminho de Santiago, amigo peregrino?", pergunta o padre José.

A pergunta foi objetiva, e não posso deixar de também ser objetivo na resposta. Mas titubeio entre ser completamente honesto ou dizer apenas parcialmente a verdade.

"Este é o meu oitavo Caminho e, desde o primeiro, tenho uma inquietação."

"Você pode compartilhar conosco qual tua inquietação?", pergunta de pronto um dos gêmeos que, idênticos, ainda não aprendi a diferenciar.

Depois de certo suspense de minha parte, olho nos olhos de cada um deles e fico a me perguntar: será que posso abrir o meu coração? Será que vão entender ou vão me achar maluco? Opto pela honestidade.

"Quando fiz o meu Caminho pela primeira vez, ouvi falar de um velho com cerca de um 1,80 metro de altura, moreno claro, barba e cabelos grisalhos e longos, olhos castanhos e sóbrios."

Padre Luiz, o mesmo que havia me questionado antes, debruça-se para a frente, coloca seus cotovelos na mesa e as duas mãos segurando o queixo, interessado.

"Ele usa uma bata marrom que vai até o calcanhar, uma capa preta, chapéu de palha, cajado e uma bolsa marrom igual a esta?", aponta para a bolsa pendurada no espaldar da cadeira.

"Siiiimmmm!", respondo.

Os três se olham em silêncio. Agora, ouve-se apenas o murmurinho do restaurante. Parece que minha vista fica turva e tudo está fora de foco. Os três padres conversam entre si, mas não distingo quem é quem.

"Nós encontramos o velho há quatro dias. Como o padre Lucas estava com dores no joelho esquerdo, decidimos aguardar aqui antes de continuar nosso percurso", diz um deles.

O outro, provavelmente o padre Lucas, explica: "Agora estou melhor, tanto que estamos pensando em retomar nossa caminhada amanhã. Vem conosco?".

E assim se desenvolve a conversa. Nosso jantar é servido, tomamos, os quatro, uma garrafa de vinho. Por volta das 19h30, caminhamos de volta ao albergue.

Observo aqueles três senhores, três padres, entendendo o sinal. Confirmo que aceito o convite para fazer o caminho junto a eles na manhã seguinte, emocionado.

Eles se entreolham enigmaticamente.

"Viva! Acho que encontramos a pessoa certa." E me abraçam alegremente.

"Vamos dizer a ele ou deixamos para amanhã?", pergunta o padre José.

"Deixamos para amanhã, até porque não vai fazer muita diferença", comenta Lucas.

Como já tinha decidido não mais questionar e apenas aceitar, aguardo seus comentários. Gostaria que esclarecessem suas charadas ainda hoje, mas, ao que parece, a resposta vai ficar para a manhã seguinte.

O VELHO EXISTE! EXISTE E DEIXOU UM PEDIDO PARA OS TRÊS PEREGRINOS. QUAL SERIA ESSE PEDIDO?

Todo caminho é sagrado
@ofilosofoperegrino

São 20h30 e já estou dentro do saco de dormir. Ao meu lado, os três padres roncam, acumulando energias para o dia seguinte. Imagino que vai ser uma experiência diferente para mim, dividir o caminho com três religiosos, e que, enfim, vou saber mais detalhes sobre o velho Jacob. Percebo que estou ansioso. Faço uma reflexão sobre todo o Caminho e constato que faltam pouco mais de 150 quilômetros para eu bater na porta da casa do santo pela oitava vez e, até agora, consegui muito pouco de concreto sobre o velho enigmático. Já meio sonolento, relembro a noite na cova de San Genadio e concluo que talvez meu grande encontro com o velho já tenha ocorrido. Aquele sentimento de gratidão me envolve novamente neste instante.

"Peregrino! Peregrino!", ouço uma voz doce como um veludo soar em meu ouvido direito. Era o padre Lucas: "Já são 7 horas e pensamos em partir. Vamos?".

"Meu Deus!", respondo. Na mesma posição que me deitei, fui desperto nesta manhã.

Ainda meio atordoado, contorço-me na cama e me espreguiço. Esfrego os dedos nos olhos, mexo a cabeça de um lado para o outro e agora, mais consciente, percebo onde estou.

"Ah, sim. Vamos lá."

Sento-me na cama e me arrumo. A prática é tanta, depois de anos de peregrinação, que em menos de dez minutos já nos reencontramos na cozinha para o desjejum. É quando percebo que as mochilas deles, na verdade, são alforjes. Decido seguir sem questionamentos. Mas as surpresas não param. Fico pasmado ao ver que os peregrinos, em vez de sair pela porta principal, descem mais um vão de calçadas e me chamam para segui-los. Assim o faço. Na garagem, a estupefação final: os três padres estão fazendo o caminho de bicicleta, com uma de quatro selins. Conheço esse tipo de bicicleta como centopeia, daquelas que vi nos desfiles da Oktoberfest, em Blumenau. Aqui, uma centopeia peregrina.

Centopeia peregrina

"Como chegou agora, você vai para o fim, onde o pedal é mais fraco", instrui o padre Luiz, enquanto ajeita seu alforje em uma carreta engatada atrás do meu acento. Os outros padres também colocam ali os seus alforjes, deixando um espaço para a minha mochila.

Das outras vezes que fiz o Caminho de Santiago, tinha encontrado muitos bicigrinos, inclusive pessoas com deficiências físicas, com cadeiras de rodas especiais, até já vi uma bicicleta para duas pessoas, certa vez. Para quatro, entretanto, é a primeira vez. Fico mais tranquilo, até porque, imagino, andar de bicicleta talvez force menos o meu pé, que está se recuperando.

Padre José é o nosso piloto e vai à frente da bicicleta.

"Todos prontos?"

Nós três, quase em uníssono, respondemos que sim.

Ele faz a contagem "Um, dois, três. Vai!", a deixa para que começássemos a pedalar juntos. E, como um milagre, a centopeia começa a andar e nos conduzir em direção a Compostela. Faltam oito minutos para as 8 horas da manhã. Lembro-me bem desse trajeto e sei que daqui até Portomarín, cerca de 70 quilômetros à frente, o trajeto é praticamente todo em descida, com exceção do Alto do Poio.

Pedalamos compenetrados, segurando firme nos guidões, enquanto nossas pernas relaxadas fazem o movimento em círculos. Deixamos Liñares, Hospital de La Condesa, até chegar ao Alto do Poio, cerca de quarenta minutos depois de partir. Aqui, decidimos fazer uma parada na estátua de São Roque e aproveitamos para apreciar a linda paisagem a 1.300 metros de altitude. Enquanto nos sentávamos nas pedras, na base da estátua, pergunto aos padres por que a bicicleta tinha quatro lugares se eles eram três.

"Decidimos vir em três e nos abrirmos para oferecer carona para os peregrinos que a aceitassem", disse padre José, que parecia ser o líder do trio.

"Que interessante! Muitas pessoas já pedalaram com vocês?"

JÁ MEIO SONOLENTO, RELEMBRO A NOITE NA COVA DE SAN GENADIO E CONCLUO QUE TALVEZ MEU GRANDE ENCONTRO COM O VELHO JÁ TENHA OCORRIDO.

Todo caminho é sagrado
@ofilosofoperegrino

"Sim", diz padre José, olhando para os demais padres, e complementando: "O último foi o velho, que esqueceu a bolsa marrom que esperamos devolver".

Era o que eu estava precisando ouvir. Depois de escutá-los no albergue n'O Cebreiro, busco uma deixa para saber notícias, boas notícias, do velho e, agora, recebo uma muito interessante. Sei que não devo ser precipitado, como das outras vezes, nem ansioso, embora por dentro eu esteja em ebulição.

Com algumas nuvens no céu e um sol ainda discreto, retornamos para a bicicleta especial e, após a contagem, voltamos a pedalar. Passamos por Fonfría, Viduedo e continuamos descendo. Antes de chegar a Triacastela, por volta das 10h30, sou incentivado pelo padre Lucas, à minha frente, a levantar na bicicleta e abrir os braços enquanto descemos em uma velocidade considerável. Fiz isso, gritando "*Ultreia*!" – palavra usada pelos peregrinos para expressar a alegria de ter chegado a Santiago de Compostela, que hoje pode ser empregada também no sentido de "siga em frente, com fé, não desista".

Na entrada do povoado, resolvemos fazer outra parada, agora mais longa, para descansar e comer. Deixamos a centopeia sob uma frondosa árvore ao lado de uma *tienda*. Peço suco de laranja e um *bocadillo* de queijo. O suco, àquela altura, néctar dos deuses, e o *bocadillo*, um manjar. Reflito sobre a dificuldade de levar esta experiência de apreciação para o cotidiano e, naquele instante, prometo prestar mais atenção em mim para manter esse hábito em meu retorno.

Depois que cada um dos quatro da bicicleta fez o seu pedido e foi ao banheiro, encontramo-nos na mesa externa, confortavelmente ao abrigo do sol. Aproveito a oportunidade para perguntar sobre o velho, tentando não ser indiscreto.

"Podem me falar sobre as pessoas que já pedalaram com vocês? E este último peregrino que esqueceu a bolsa marrom, como era?"

"Claro que sim, querido peregrino", adianta-se padre José Palácios, enquanto os gêmeos continuavam focados nos seus lanches, embora atentos ao diálogo.

"O velho pouco falou. Ele quase não puxava assunto" diz o padre José. "Tirando o sim, quando aceitou pedalar conosco, ele disse apenas duas outras frases."

"Duas, não", corrige padre Lucas. "Ele disse três frases."

"Isso é verdade. Havia me esquecido da despedida", retifica padre José.

Tento me manter tranquilo, mas não consigo. Quando percebo, estou arqueado para a frente, encostando no padre José e pedindo para ele me dizer quais as três frases.

"O velho estava muito compenetrado. Seus olhos grandes e negros, como duas jabuticabas, transmitiam paz, amor, lucidez e energia. Incrível", comenta ele. Depois de alguns segundos em silêncio, como quem reflete sobre o ocorrido, padre José se refere, enfim, às outras falas. "A primeira frase foi: 'Eu sou a luz do mundo', em uma referência ao mestre Jesus. A outra foi: 'O paraíso está dentro de você'. Somente isso."

Essas duas frases são muito fortes e instigantes, pois nos fazem refletir sobre a qualidade de todos os seres humanos para se olhar autonomamente e decidir por si só seu rumo. De certa forma, é o que todos nós peregrinos estamos fazendo aqui, ou deveríamos fazer. Eu, de modo especial, fixado na tarefa de o encontrar. Quero saber o que pensa, fala, quais suas ações, por isso, reflito sobre as duas frases do velho e me atenho a um detalhe.

"Quer saber a última fala dele, não é mesmo? '*Buen camino.*' Assim como apareceu, ele desapareceu, e não encontramos mais ninguém que o conhecesse. E você, peregrino, disse que busca pelo velho. Por quê?", pergunta o padre José.

Confesso que pondero se devo falar tudo ou se continuo dissimulando. Quando desconversei nas oportunidades anteriores, não me senti bem nem consegui dar um bom rumo para a conversa. Penso rápido e decido me assumir, com minhas dúvidas, incertezas, anseios, buscas e questionamentos.

"Eu o conheci", digo, assumindo tudo, e percebo os três religiosos peregrinos com uma certa alegria nos olhos. "Encontrei-o há alguns dias. Mas, quando fui falar com ele, sofri uma queda, torci o pé e desmaiei. Também o vi de longe em Roncesvalles."

Os padres continuam em silêncio, e, quando os três fazem um movimento positivo com a cabeça, o padre José Palácios pergunta:

"Você esteve com o padre Mattia?"

"Sim."

"Com Acacio?"

"Sim."

"Com as irmãs Carbajalas?"

"Sim."

"Com Thomaz?"

"Sim."

"Com Jesús Jato?"

"Sim."

Diante das minhas respostas positivas eles novamente se olham e fazem o sinal de positivo com a cabeça. O padre Lucas continua:

"O velho, além das quatro falas, pediu-nos para entregar a bolsa marrom que trazemos para um peregrino com as suas características. Ela é sua, agora."

Minha? Por quê? Mas ela não é do velho Jacob? Por que ele me daria? Perguntas, perguntas, perguntas. Nossa! Percebo-me ainda no antigo padrão. Não tinha decidido aceitar o que o Caminho me trouxesse? Para que tanto "por quê"? Novamente bato com a mão direita na testa pensando: te aquieta, te acalma, isso vai passar, vai passar...

Tento disfarçar minha aflição, deixo os três conversando, caminho um pouco de um lado para o outro. Sinto-me fragmentado. Quando recobro a consciência do meu propósito, assumo novamente minha decisão de acolher tudo o que vier.

Ao retornar ao grupo, os padres já estão se arrumando para subir na bicicleta de quatro lugares. Pergunto se eles tinham visto o que tem dentro da bolsa.

"Que pergunta é essa? Claro que não, a bolsa não é nossa", diz o padre José, sorrindo.

Voltamos ao caminho depois de uma parada de vinte minutos, não lembro o horário exato, mas acredito que perto de 11 horas. Deixamos Triacastela, 665 metros acima do nível do mar, e vamos descer por uma estrada tranquila, sem nenhum morro, até alcançar Sarria, a 440 metros de altitude, onde pretendemos chegar um pouco depois das 13 horas.

Durante esse trajeto, passamos por San Xil, Alto de Riocabo e Calvor, onde paramos de novo. Pedi licença ao grupo para ir ao encontro a um senhor que abraçava uma castanheira de pelo menos 800 anos e chorava copiosamente. Não quis interromper o momento dele, sentei-me próximo ao riacho e esperei. Uma folha de caeté tomava água no rio gelado. Para minha surpresa, o senhor se abaixou, lavou as lágrimas naquele rio e, sem se apresentar ou cumprimentar, abriu seu coração para mim.

"Sempre me considerei o centro do universo. Acreditei quando, no livro do Gênesis, Deus disse que era para crescer e multiplicar. Eu signifiquei de maneira errada as palavras da Bíblia, e só agora compreendi. Passei a vida explorando as riquezas, poluí rios para extrair minérios em busca de riqueza, destruí árvores centenárias como essa que eu estava abraçando ali. Como centro do universo, dava-me o direito de ser melhor que as plantas, os rios, a terra, o ar, os animais, e aqui no Caminho descobri que sou a menor das criaturas, não chego aos pés de uma formiga ou de um mosquito", fala o homem com a voz embargada, até que não consegue mais falar por alguns minutos. Então ele tira as botas, o chapéu, arregaça a calça, coloca os pés dentro da água, recupera o fôlego e continua.

PENSO RÁPIDO E DECIDO ME ASSUMIR, COM MINHAS DÚVIDAS, INCERTEZAS, ANSEIOS, BUSCAS E QUESTIONAMENTOS.

Todo caminho é sagrado
@ofilosofoperegrino

"Aqui no caminho, eu descobri que essa pedra ao nosso lado viu o apóstolo Santiago passar por aqui; aquela árvore milenar presenciou a conversão de Francisco de Assis; essa ruína à direita, com mais de 2 mil anos, presenciou a passagem de Napoleão Bonaparte e talvez a marcha do exército de Júlio César; o rio que me banha agora é o mesmo que lavou as lágrimas de mães celtas que perderam os filhos e de poetas catalães que escreveram sobre esta mesma terra. Aqui, descobri que estamos apenas de passagem. Aqui, entendi que, no Caminho, nós somos a menor parte."

Ergo meus olhos e vejo os três amigos padres se ajeitando para seguir a jornada de bicigrinos. Faço um sinal para aguardarem mais uns instantes e fico ali em silêncio ao lado do homem até cessarem os soluços. Com um afetuoso abraço e desejo de um *"¡buen camino!"*, despeço-me desse senhor com mais uma lição aprendida: neste planeta, nós somos a menor parte. Quem sou eu? A menor parte. Subo a encosta do morro pensando nisso.

Por volta de 14 horas, avistamos Sarria, uma pequena cidade do caminho, que ficou famosa por um triste fato: o rei Afonso IX morreu nestas terras quando peregrinava a Compostela. Estacionamos nosso veículo em uma praça, esticamos as pernas, vamos ao banheiro e comemos alguma coisa. Vinte minutos depois, já estamos pedalando rumo a Portomarín. Este último trajeto é um pouco mais complicado, com um pequeno aclive, nada sério, mas, para mim, sem preparo, foi duro.

"Pedala, peregrino! Compostela está logo ali", os padres de vez em quando gritam.

Passamos por Barbadelo, Rente, A Brea e Ferreiros, povoado onde decidimos fazer nossa última parada do dia, antes de encontrar um albergue mais adiante. Nosso descanso foi ao lado da igreja da comunidade, construída junto ao cemitério. Daqui, uma descida de 10 quilômetros nos levará até Portomarín, passando antes por Vilachá. Estamos a exatos 99 quilômetros de Santiago de Compostela. A que distância estaria eu de encontrar o velho Jacob?

Em Vilachá, temos uma ampla visão de Portomarín. A cidade é cortada pelo rio Miño que, em 1962, encheu tanto que inundou a antiga cidade então construída à sua margem. Serpenteamos as ruas, passando sobre a ponte que une as duas margens, e somos recebidos por um pórtico com letras de quase 2 metros, "Portomarín". Decidimos ficar no albergue que leva o nome da cidade. São quase 16 horas.

"Vamos nos encontrar aqui na frente do albergue às 19 horas, está bom?", avisa o padre José.

Quando estamos pegando os alforjes e a mochila da carreta, o padre José entrega-me a bolsa marrom. "É para você. Acho que sabe o que fazer."

Sem o que dizer, estico as mãos, pego a bolsa e coloco sobre o meu ombro, sem atravessar a alça no corpo. Ela não tem fecho comum, apenas dois laços. Tateando, sinto que há algo dentro dela, não muito pesado. Contenho a minha curiosidade.

O albergue tem 110 camas e, pelo visto, está quase lotado. Custo a encontrar minha cama, disposta bem longe da dos padres, que também não sei se estão próximos uns dos outros. Depois da entrada, lavo as roupas, coloco-as para secar e me deito sobre a cama para descansar. Como combinado, antes das 19 horas já estou em frente ao albergue, onde os padres aguardam.

"Vamos atrás do menu de peregrino?", indaga padre Lucas.

"*Sí, ¡por supuesto!*", respondo, e nós quatro rimos.

Nossa comunicação é fácil. Eles falavam o galego, que eu compreendia bem, e eu falo o português, que eles também entendem. Caminhamos juntos pelas calçadas movimentadas de Portomarín no entorno do albergue. Passamos por uma igreja quadrada, de arquitetura moura, e nos deleitamos com sua beleza. No altar, um coral se apresentava entoando hinos de gratidão e músicas sacras. Lindas, tocantes, emocionantes. Ficamos ali alguns minutos, apreciando. Na saída, entramos no primeiro restaurante com um cartaz de "Menu do peregrino" que encontramos.

"Eu proponho brindar ao velho e sua bolsa marrom", diz o padre Lucas, o mais discreto deles, ao que nós três levantamos nossas taças e as encostamos sutilmente, provocando um discreto tilintar.

"Ao velho e sua bolsa marrom", repetimos.

Depois do primeiro gole de vinho, de bochechar de um lado a outro da boca, até sorver todo o líquido, o padre Lucas vai direto ao ponto. "Você está atrás do velho, por quê?"

Fico um pouco desconcertado com a pergunta feita de chofre. Não esperava. Mas não iria mentir, nem omitir.

"Acho que não há um porquê. Porém, em todos os caminhos que fiz, e este é o meu oitavo, sempre ouvi falar no velho. No início, achava que era uma lenda, mas depois passei a pensar que ele poderia ser real. Por isso, resolvi fazer o meu oitavo Caminho", digo, olhando para os três.

"Mas para que quer encontrar o velho?"

Outra pergunta difícil e novamente ligada à razão. Reflito: quero encontrar o velho por ego? Só para ter certeza de que ele existe? O que vai mudar se existir ou não? Talvez não haja um motivo.

"Não sei explicar. Mas sinto que o velho Jacques pode dar um sentido diferente à minha vida. Os últimos anos que vivi são os que mais gosto, principalmente a partir de 2006, depois de fazer o Caminho de Santiago pela primeira vez. Porém acredito que, se eu encontrá-lo, as coisas podem mudar ainda mais. Não sei dizer ao certo a razão, só sei que preciso ir ao encontro dele para que essa história tenha um desfecho." Olho para eles com olhar de compaixão e de súplica. "Tem algo dentro de mim que o intercepta. Eu tenho muito do velho Jacob, talvez por isso essa aspiração. Talvez haja muito mais coisas que eu precise saber e só ele pode me abrir essas portas do conhecimento. Ainda não sei o que é, por isso essa minha constante busca existencial."

Os padres se entreolham novamente, fazem mais um movimento positivo com a cabeça e falam, cada um no seu tempo. "Parece que encontramos o peregrino."

Eu os fito surpreso. A frase "encontramos o peregrino" reverbera em mim, leva-me de volta ao início da minha jornada, e faço uma revisão de cada encontro, de cada diálogo. Passei o meu caminho com a fixação de encontrar o velho. E eles me encontram.

"Pedis e vos será dado! Procurai e encontrareis! Batei e a porta vos será aberta! Esse é um ensinamento do mestre Jesus", lembra o padre José.

"Mas, para receber, tem que ter merecimento, não como escambo, como alguns se comportam, mas como graça", acrescenta o padre Luiz.

"E você tem este merecimento, amigo peregrino. Estás preparado para ver", avalia o padre Lucas.

Eu ouço tudo, chocado. "Merecimento", "preparado para ver" são termos que me deixam fora do eixo, que me fazem, inicialmente, querer repeli-los como se eu não fosse digno. Mas o silêncio deles enquanto comem e o meu silêncio, acompanhado de um turbilhão interno, trazem-me de volta ao centro. Acolho as palavras, acolho os sentimentos e me abro para receber graciosamente o que fiz por merecer.

Já são quase 21 horas. O tempo passa e nem percebemos. Tanto que os padres reclamam de cansaço e sugerem que nos recolhamos.

"Amanhã temos uma boa pernada até Lavacolla", anuncia padre José. "Vai conosco, peregrino?"

Respondo com um sim ainda incerto. "Não sei ainda até onde vou, talvez não vá até Lavacolla."

"Tudo certo, perto ou longe, estamos juntos nesta jornada, querido peregrino."

Chegamos no albergue antes das 22 horas e logo entro em meu saco de dormir. As lâmpadas do teto são apagadas e só ficam as luzes de sinalização. Antes de cair no sono, lembro que estou prestes a chegar a Santiago de Compostela e meu coração se enche de gratidão por esse caminho de descobertas e de encontros. O que for para ser já é.

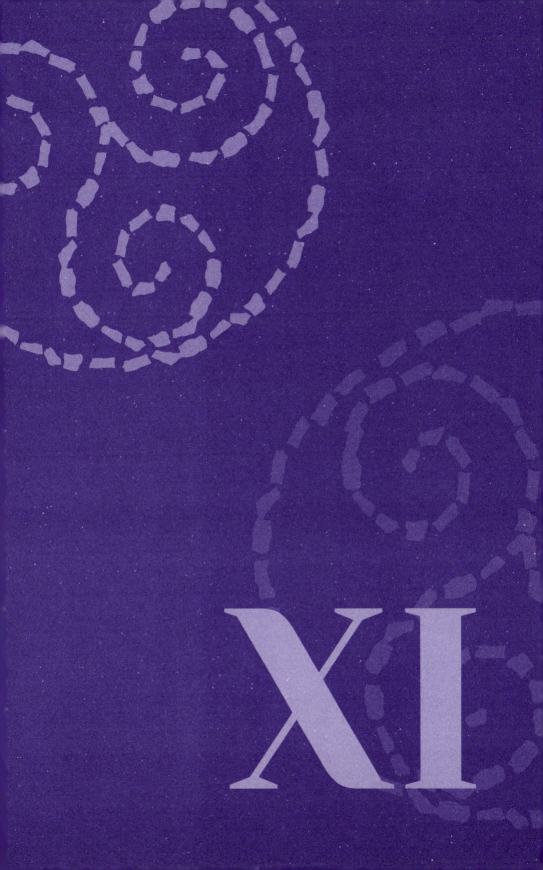

**NUNCA TIVE CERTEZA
DE QUEM EU ERA,
HOJE SEI:
SOU TRANSFORMAÇÃO.**

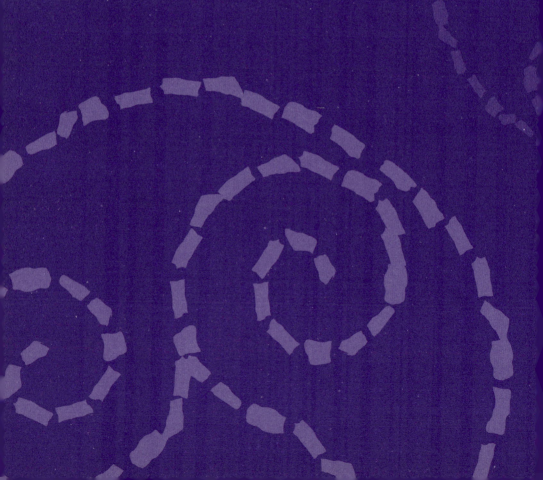

Quem sou eu?

São 5h30 da manhã. Acordo pensando em uma frase que fotografei ontem perto de Sarria: "*¿Quién soy? ¡Mira en tu corazón!*". Será que, em minha jornada para meu interior, as respostas serão encontradas nas emoções? Provavelmente, para quem escreveu essa frase, tenha sido.

Ouço agora o movimento dos peregrinos que se mexem nas camas ou, já em pé, arrumam as mochilas, sacodem plásticos e apontam lanternas acesas. Enfim, cada um tem um jeito. Lembro-me de, outras vezes, também sair bem cedo para evitar o calor escaldante do sol, principalmente no verão europeu. Aos bicigrinos, não é seguro pedalar no escuro, sem falar que nossa centopeia não tem faróis.

Por conta disso, levanto-me um pouco mais tarde, depois das 7 da manhã, e, mesmo assim, ainda está escuro. Arrumo a mochila, coloco a bolsa marrom transpassada no tronco e encontro meus parceiros de pedal, que já estão ajeitando os alforjes na carreta da nossa "superbikepeia" para quatro bicigrinos.

"Bom dia, peregrinos!", dirijo-me aos três padres, e eles respondem efusivamente.

Deixamos o albergue um pouco antes das 8 horas e carregamos a bicicleta na mão por uns 50 metros até um bar próximo. Padre Lucas aponta para o alto da catedral. "Coruja-das-torres, algo milagroso vai acontecer", diz ele. Meu corpo se arrepia e ficamos todos em um profundo silêncio.

No desjejum, tomo uma xícara de café com leite e saboreio um bolinho madalena. Ainda com fome, peço um *bocadillo* de queijo e tomate em um pão grande, que parto ao meio e guardo metade para a viagem.

Quando estamos deixando o local para subir na bicicleta, alguém bate no meu ombro direito, pelas minhas costas. Ao me virar, encontro uma peregrina negra, alta, esguia, cabelos longos e com um véu azul marinho que cobre parte da cabeça.

"Foi você quem falou com o padre Mattia em Roncesvalles?"

Demoro um pouco para recordar o encontro que tive com o religioso, lá no início da minha peregrinação.

"Sim, eu me encontrei com o padre Mattia em Roncesvalles há semanas, o que houve? Está tudo bem com ele?"

"Nada, não, ele está bem. Ele me pediu que repassasse isto para você", disse, entregando-me um pano preto cuidadosamente dobrado e passado que guardava em sua mochila.

"Ele recomendou que você use somente ao entrar em Compostela e, até lá, deixe assim dobrado", disse.

Agradeço àquela enigmática peregrina, desejando-lhe bom caminho. Com o pano, dirijo-me à carreta e o coloco em minha mochila. Ao voltar o olhar na direção de onde havia vindo, não vejo mais ninguém.

"Vocês viram aquela peregrina negra alta, com um véu na cabeça?", pergunto aos padres.

"Peregrina? Negra? Alta? Que peregrina?", dizem quase que em uníssono.

Deixa para lá, penso. Diante de tudo o que tem me acontecido nos últimos dias, essa visita até que pode ser considerada normal.

Pouco depois das 8 horas, já estamos, os quatro, a postos na bicicleta. No "um, dois, três e vai" começamos a pedalar em direção ao monte Torros, 551 metros de altitude, praticamente 200 metros mais alto que o nosso ponto de partida. Pedalamos por cerca de vinte minutos e, quando não podemos mais, descemos e empurramos a bicicleta até o alto do morro. Percebemos uma leve descida e aproveitamos para pedalar, passando pela localidade de Gonzar. Mais à frente, outro morro, outra vez descemos e empurramos a bicicleta até Castromaior. Aqui estamos no pico e começamos a descer. Passamos por Hospital de la Cruz, Ventas de Narón, Ligonde, Airexe, e chegamos a Abenostre por volta das 10, quando fazemos nossa primeira parada.

Como a outra metade do meu lanche e fico cuidando do nosso veículo enquanto os padres vão até um bar próximo. Fico curioso para ver o que é o pano preto que a peregrina me deu, mas não o toco.

"Seguimos viagem, peregrinos?", pergunta o padre José.

Um, dois, três e vai! Lá vamos nós novamente e, agora, é só descida. Que bênção poder pedalar, e não caminhar, na minha jornada a Santiago de Compostela. Nesse momento, uma vez mais, prendo-me à busca por explicações. Daria para dizer que essa bênção vem de méritos meus? Será que mereço tanto? Se são méritos, o que eu fiz para merecer? Por que teria tantas bênçãos de uns dias para cá? Minhas ideias teimam em voltar ao antigo padrão.

"Volte, homem de Deus. Precisamos de você aqui", percebo que mal estou pedalando.

"Perdão, amigo. Tive uma recaída."

Passamos por Palas del Rei, Casanova, O Leboreiro, Furelos até chegar a Melide, por volta do meio-dia. Como está nublado e fresco, decidimos prosseguir a nossa pedalada até pelo menos O Pedrouzo, distante 36 quilômetros. Por isso, faço um lanche reforçado e compro para a viagem uma maçã, uva-passa, chocolate e sementes de girassol.

Voltamos a pedalar às 12h30. Entre pedaladas ou empurrando a bicicleta, passamos por Boente, Castañeda, Ribadiso de Baixo e Arzúa. Na última, uma cidade maior e com movimento intenso de carros, seguimos pela *carretera*, enquanto os peregrinos a pé seguem por uma trilha um pouco distante de nós. Paramos novamente para descansar em uma bonita praça cheia de árvores no fim da cidade. Dela, avisto um peregrino ao longe usando a mesma bolsa marrom. Pensei em chamá-lo, mas me contive.

"Prontos para pedalar, peregrinos?", o padre José se coloca de pé.

Seguimos por A Salceda, Alto de Santa Irene, Santa Irene, A Rúa e, por volta das quatro horas, chegamos a O Pedrouzo. A estátua de um lindo galo na entrada da cidade nos dá boas-vindas. Na bifurcação, à esquerda, chega-se a O Pedrouzo e, à direita, a Compostela. O padre José fala que as bifurcações são metáforas no Caminho da existência; estamos sempre fazendo escolhas. Agora é chegada a minha hora de escolher se sigo viagem com os padres até mais adiante ou se permaneço em O Pedrouzo para partir sozinho amanhã.

"Que tal, peregrino. Ficas aqui ou segues conosco?", pergunta o padre José, do primeiro selim.

Algo me incitava a mudar a trilha, seguir um novo caminho. Lembrei mais uma vez da frase: "*¿Quién soy? ¡Mira em tu corazón!*". Não. Nesse caso não ouvi meu coração. Pois, se me guiasse unicamente pela emoção permaneceria com os meus parceiros de "bicipeia", aos quais já tinha me apegado. Algo mais forte me fez acolher a minha intuição, com a certeza de um homem de fé.

"Gratidão, queridos amigos, mas fico por aqui. Amanhã, nos reencontramos em Santiago."

Abraço um por um e agradeço por todo o aprendizado e pela fraterna acolhida. Com os olhos cheios d'água, peço um abraço coletivo. Foi emocionante, mágico e singular.

O PADRE JOSÉ FALA QUE AS BIFURCAÇÕES SÃO METÁFORAS NO CAMINHO DA EXISTÊNCIA; ESTAMOS SEMPRE FAZENDO ESCOLHAS.

Todo caminho é sagrado
@ofilosofoperegrino

"Bom caminho, peregrino! E que encontre o que procura", deseja-me o padre Luiz.

"Ideias, ideias, razão, razão; que tal vivenciar melhor a corporeidade?", provoca Lucas.

Faço de conta que a frase não é comigo e vou logo abraçando o padre José, o mais extrovertido dos três.

"Não se esqueça da frase do velho", comenta.

"Qual frase?", pergunto.

"Está certo que não é do velho, mas de Jesus."

"Desculpa, mas não recordo."

"'Eu sou a luz do mundo'", relembra.

"Gratidão, padre. Não mais esquecerei: 'Eu sou a luz do mundo'."

Mas, na verdade, o que não sai da minha cabeça é a frase dita pelo padre Lucas: "Que tal vivenciar melhor a corporeidade?". Sou uma pessoa com um corpo apenas como um veículo para levar os pensamentos para lugares diferentes. A frase ressoou fundo dentro de mim. Atingiu-me diretamente e me fez refletir. Prometo atentar mais a isso, a partir desse cutucão do padre Lucas.

Neste momento, ouço a contagem do padre José no ritual de partida da centopeia. Um, dois, três e já! Dou-me conta de que os três padres estão seguindo a jornada deles e eu, a minha, e estamos todos no caminho. Literalmente.

Aguardo que eles desapareçam na trilha, transpasso a bolsa marrom no meu corpo, afivelo a mochila nas costas e começo a caminhar à procura de um albergue. Sigo pela calçada de uma via asfaltada com pouco movimento. À esquerda, uma praça e, no fundo, o galo. Sigo até encontrar o albergue municipal de O Pedrouzo, quase no final da rua. Por sorte, ainda há vaga.

Acomodo-me em um quarto grande, com muitos peregrinos, dividido em pequenas ilhas de quatro beliches, com um pequeno guarda-mochila em cada cama. Escolho a cama de baixo junto à parede e noto que a superior está vaga. Depois do meu ritual de chegada, lavar as roupas, colocá-las para secar e tomar uma ducha, decido, em razão do adiantado da hora, pular a sesta. Penso em jantar um pouco antes para ir dormir mais cedo. Afinal, amanhã vai ser o grande dia, a chegada a Santiago de Compostela.

Deito na cama com o guia e constato que estou a 21 quilômetros de Santiago, o que, em condições normais, faria em, no máximo, cinco horas. Se quiser chegar ao meu destino a tempo da missa do peregrino, ao meio-dia, preciso sair por volta de 6 horas. Percebo que estou mais uma vez fazendo contas e dou uma gargalhada sozinho. Razão é um tópico em minha estrutura de pensamento; apenas um tópico, não todos.

Posso relaxar, sair a hora que quiser e chegar quando for possível. São escolhas, bifurcações do caminho. Decido me manter aberto, primeiro ouvir os sinais e decidir depois.

Observo a bolsa marrom ao lado da mochila e fico curioso: o que será que tem dentro dela? Por que os padres me entregaram a bolsa? Puxo-a para perto de mim e apalpo tentando adivinhar seu conteúdo. Lembro-me do pano preto dobrado, que me foi entregue em Portomarín, guardado na mochila. A indicação de abrir somente quando estiver chegando a Santiago até agora está sendo seguida à risca. No albergue, hoje, não há balbúrdia. Todos parecem compenetrados, aguardando o *grand finale*.

Ao sair, na esquina, sob uma frondosa cerejeira, um senhor grava o canto do sabiá. Reconheço-o. É o fotógrafo. Ele sorri, me abraça e diz: "A ciência pode classificar e nomear os órgãos de um sabiá, mas não pode medir seus encantos. A ciência não pode calcular quantos cavalos de força existem nos encantos de um sabiá". Olho para o sabiá e, quando volto o olhar novamente ao fotógrafo, não o encontro mais. Desapareceu, deixando sobre uma pedra um pequeno livro, todo rabiscado, de Manoel de Barros. Abro exatamente na página com o poema recitado.

Decido jantar em um restaurante bem próximo e, no caminho, encontro o médico Pablo Félix. De início, fico surpreso ao vê-lo. Mais tarde saberia que ele fez um trecho de táxi e uma boa parte de bicicleta, pois queria estar em Santiago de Compostela para a missa de domingo.

"Que bom reencontrá-lo, Beto!", diz, e dá-me um afetuoso abraço. "Você é meu convidado para jantar. Estou fazendo comida para mim e outros quinze peregrinos que estão pernoitando aqui no albergue ao lado. Onde comem dezesseis, comem dezessete".

"Você, fazendo o jantar? Quanta mudança, meu amigo!"

"Pois é, olho para trás e vejo como estava perdido antes da conversa com o velho. Escrevia crônicas para o jornal da minha cidade, em busca de migalhas de carinho em forma de elogios que alguns postavam em meu site; passei parte de minha existência não para ser, mas para parecer. Quando recebia uma crítica ruim, sofria, decepcionado comigo mesmo. Só agora vejo o que realmente fui: um fanfarrão narcisista. Nesses últimos dias, descobri na prática o que o velho tentou me dizer."

"O que foi?"

"Humildade, Beto. Esse tem sido meu caminho depois de nos separarmos oito dias atrás. Tornei-me um exímio lavador de louça. Ontem, fiz uma faxina completa no albergue paroquial de Arzúa. Hoje, estou fazendo o jantar e, depois, farei curativos em meia dúzia de peregrinos com os pés machucados", diz, mostrando uma sacola com gazes, iodo e antisséptico. "A humildade tem me trazido de volta, Beto."

"Como assim?"

"Não sou melhor do que ninguém. Sou apenas mais um neste mundo de Deus, que veio para cá para servir e não para ser servido. Mas, chega de papo", comenta. "Vem comigo experimentar meu novo tempero para o espaguete que uma italiana me ensinou."

Naquela noite, degusto com Pablo e seus novos amigos uma verdadeira comunhão.

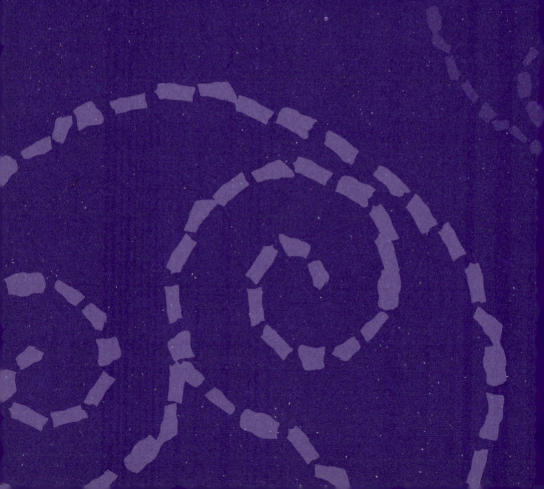

METAS SÃO PARA PERSEGUIR COISAS. NÃO SE PODE ESTABELECER METAS PARA TRANSCENDER.

A chegada

Cansado e comovido, retorno ao albergue e, antes das 21 horas, já estou dentro do saco de dormir. Decido não ligar o despertador para a manhã seguinte. Faço uma breve reflexão sobre este oitavo Caminho, relembrando alguns lugares, Saint-Jean, Roncesvalles, Pamplona, Burgos, León, Astorga, Vale do Silêncio, as paisagens, as pessoas. Por onde andam Francisco, Dan, as três Marías? Será que o fotógrafo foi para Santiago de Compostela?

Recordo de muitos detalhes, cheiros, momentos, a brisa, o canto gregoriano, encontros e partidas, abraços, sorrisos e agradecimentos. A nostalgia do Caminho está tomando conta de mim antes mesmo de chegar ao fim. Nesse clima, concluo de uma vez por todas que a felicidade não é um lugar, é o caminho. O Caminho de Santiago também não é chegar até lá, é o caminho. É o que eu estou fazendo exatamente agora, neste instante. A última coisa que recordo antes de adormecer é o chilrear de uma coruja.

Desperto de madrugada com fachos de luz que dançam sobre meu rosto. São meus colegas de quarto e suas lanternas, tentando se levantar sem incomodar os demais. No início do Caminho, era possível que eu arranjasse encrenca. Mas, agora, já na fase do espírito, tudo é amor, compaixão, compreensão, sensação, aceitação e gratidão.

Aproveito o sinal para me levantar sem mesmo saber o horário. Uso as luzes das lanternas vizinhas, termino de ajeitar rapidamente a minha mochila, faço minha higiene e, quinze minutos depois, dou início à caminhada ao lado da via asfáltica do centro de O Pedrouzo. Muitos outros peregrinos fazem o mesmo.

Sob a luz de um poste, checo meu guia e o horário. Se meus pés me aguentarem e não houver nenhum imprevisto, chegarei a Santiago por volta do meio-dia, na hora da missa do peregrino. Geralmente, aqui, caminho cerca de 4 quilômetros por hora; farei o trajeto em cinco horas e meia. Isso se não parar para fazer lanche ou alongar, como é meu costume. E lá estou eu fazendo contas de quilometragens, mas me corrijo a tempo. Foram décadas vivendo sob a ditadura da razão, e algumas recaídas fazem parte da jornada. A partir de agora, deixo o espírito do caminho me guiar.

Passo novamente em frente à enorme estátua do galo, na praça central, agora, no final da cidade. Ontem o galo estava na entrada da cidade. O ponto de vista é mesmo só a vista de um ponto.

Entro em um túnel de árvores e sinto um cheiro bem conhecido. É eucalipto. Não tem como caminhar aqui sem a lanterna acesa. À minha frente, vejo fachos de luz de dezenas delas. Piso ainda um pouco inseguro com meu pé esquerdo, mas, até aqui, não sinto dor. Vou no meu ritmo e percebo que sou ultrapassado por muitos peregrinos, sem passar ninguém. Será que eles querem chegar cedo para a missa do peregrino? Ouço, bem próximas, vozes de mulheres cantarolando um canto de igreja: "Vai caminheiro, teu caminho é caminhar; vai peregrino, teu amor testemunhar!".

Desacelero ainda mais os meus passos e, nesse momento de solitude, quando não vejo nenhuma luz de lanterna, decido desligar também a minha e seguir a caminhada na penumbra. Há certa claridade da Lua no céu.

A chegada

Diminuo minha velocidade e me valho também dos outros sentidos, além da visão. De repente, decido parar e me sentar próximo de uma árvore para observar o movimento. O aroma das folhas me lembra os amigos de sauna em Criciúma. Como é bom ter amigos! Recordo um, em especial, Mhanoel Mendes, com quem compartilhei trinta dias de Caminho lado a lado em 2006. Tornamo-nos irmãos. Lembro de ele dizer: "Correr tanto para chegar aonde?".

Fico sentado à beira da estrada, surpreso com a velocidade dos peregrinos que passam por mim, desapercebidos da minha presença. Não tento me esconder, mas os caminhantes estão absortos em seus pensamentos ou conversas, cada um no seu caminho, com a sua velocidade. O chilrear de uma coruja me traz de volta ao presente e me lembro do dizer do padre José: "Coruja-das-torres, um milagre vai acontecer".

Aproveito uma nesga de claridade e me ponho a marchar sem lanterna. Encontro outro peregrino também caminhando sem a ajuda de uma. Encosto levemente nele, que dá um salto.

"Calma, peregrino. Estamos juntos nesta jornada", digo.

"¡Hola!", ele responde.

Não acendeu sua lanterna, por isso também mantive a minha apagada. Recomposto do pequeno susto, seguimos caminhando lado a lado.

"Pensas chegar hoje em Santiago?", pergunto.

"Para mim, a gente está sempre chegando. Por isso, não me importa quando chegar!"

A resposta me deixa atônito. É a resposta de um mestre, de alguém que já alcançou a consciência filosófica. Enquanto absorvo suas palavras, seguimos em silêncio na escuridão. E o curioso é que, neste momento, não há nenhum facho de luz na estrada, estamos sós.

Ainda sob o túnel de árvores, passamos por San Antón e O Amenal, sem que o peregrino pronuncie nenhum som, somente a cadência da ponta do cajado quando encontra o chão.

CONCLUO DE UMA VEZ POR TODAS QUE A FELICIDADE NÃO É UM LUGAR, É O CAMINHO. O CAMINHO DE SANTIAGO TAMBÉM NÃO É CHEGAR ATÉ LÁ, É O CAMINHO.

Todo caminho é sagrado
@ofilosofoperegrino

A chegada

"De onde és, amigo?", pergunto.

"Do planeta Terra, deste universo."

De novo, uma resposta digna de alguém que enxerga além. Deixo as perguntas formais de lado e tento uma mais filosófica: "Qual tua motivação para fazer o Caminho?"

"O Caminho não se faz, o Caminho se vive, não é mesmo?", responde depois de um breve silêncio.

Pura verdade. Não se faz, até porque ele está aqui, pronto, com as setas amarelas para seguirmos. Em vez de o fazer, nós o vivemos.

"Com quais olhos nos relacionamos com as coisas: com os olhos físicos ou com os olhos da mente?", ele enfim pergunta.

Ameaço parar para refletir, mas, ao perceber que meu interlocutor não para, sigo ao seu lado. Tento entender o que quer dizer olhos físicos e olhos da mente e, como se pudesse ler a minha mente, ele explica:

"O olho físico é o olho propriamente dito, o nervo ótico. Por exemplo, estamos usando pouco o olho físico agora, mas, mesmo assim, estamos caminhando", ele reforça aquilo que eu imaginava. Mas o que significa olho da mente?

"Olho da mente é o olhar viciado, às vezes contaminado de conclusões passadas, que ficam armazenadas em nossa mente e nós as tratamos como se fossem verdades. A verdadeira visão me parece que está antes disso."

Medito mais um pouco sobre seus conceitos e percebo que, acima da cobertura de árvores, já começa a amanhecer e, possivelmente, logo conseguirei ver o rosto desse peregrino.

"E como faço para ver melhor?"

"Fique atento ao que ajuda a se aproximar de si mesmo e ao que faz se afastar de si. Cuide de sua vizinhança, pensamentos, objetos, tome cuidado com os contrastes, não busque tantos porquês e para quês. Se mudar tua vizinhança, mudará de patamar autogênico. É aos princípios de verdade que você precisa atentar."

Nunca ouvi falar em princípios de verdade e novas vizinhanças. Mas, curioso, confesso, quero me debruçar sobre esses termos tão logo seja possível. Caminhamos em uma velocidade e, de repente, meu colega diminui o passo e para. Deposita algo em minha mão e me pede para segurar o que, imagino, é o seu cajado e, antes de partir, coloca algo em minha cabeça.

"É para você", fala ele já se distanciando em direção a O Pedrouzo.

Sem entender o que está ocorrendo, fico paralisado. Ainda consigo ouvir ao longe sua voz: "O que aspiro para você, peregrino? Lucidez instantânea e energia constante!".

Dá-me uma louca vontade de sair correndo em sua direção para descobrir quem é o peregrino misterioso, olhar nos seus olhos, entender o que passou nesta escuridão, dentro de túneis verdes, quase chegando a Santiago de Compostela.

Contenho-me. Olho na direção de O Pedrouzo, olho na direção de Compostela e decido seguir adiante, agora com dois novos pertences. Um cajado de madeira e o outro, apalpo, trata-se de um chapéu. Chapéu? A curiosidade é tamanha que sou facilmente derrotado pelo impulso de descobrir mais. Ligo a lanterna e vejo que são objetos parecidos com os que o velho usa.

Ainda estou parado na trilha quando vejo dois outros peregrinos se aproximarem com suas lanternas. Pergunto se eles viram um peregrino indo na direção oposta: "Que peregrino?", respondem. Agradeço pela atenção, ponho o chapéu de volta na cabeça e sigo meu caminho enigmático rumo a Santiago de Compostela, com a batida do cajado marcando a cadência das passadas.

Cerca de quinze minutos depois, antes de um morro, deixo o túnel verde e as árvores e chego a San Paio, agora ao lado de uma *carretera*. São quase 8 horas e está amanhecendo com uma forte serração e a claridade do dia é suficiente para ver apenas alguns metros adiante sem a ajuda da lanterna.

A chegada

Em San Paio, decido fazer o desjejum. Em um bar repleto de peregrinos, que conversam no pátio aos fundos, saboreio meu café da manhã, observando minha mochila encostada na parede junto ao cajado. Lembro-me da bolsa marrom que levo a tiracolo, do chapéu em minha cabeça e do pano preto, dentro da mochila, que deve ser aberto quando eu estiver entrando em Compostela. Assim foram as instruções e assim pretendo executá-las, agora sem querer explicação, sem querer entender por que ou para que.

Fico atento aos diálogos dos peregrinos para saber se alguém fala sobre o velho de cerca de 1,80 metro de altura, moreno claro, cabelos e barbas grisalhos e longos, olhos castanhos e sóbrios, usando uma bata marrom até o calcanhar, uma capa preta, chapéu de palha, cajado na mão e uma bolsa marrom. Ninguém toca no assunto.

Na saída, em meio à serração da manhã, uma fila de peregrinos se acotovela para carimbar suas credenciais. Para ganhar a Compostelana, um certificado que comprova o cumprimento de todo o trajeto, os peregrinos devem carimbá-la pelo menos duas vezes por dia nos últimos 100 quilômetros, em postos credenciados instalados ao longo do Caminho. A aglomeração dos peregrinos me faz lembrar a frase do peregrino que encontrei há pouco na madrugada: "Estamos sempre chegando; por isso, não importa quando vamos chegar, pois já chegamos".

Serpenteando pelo caminho, passo por Lavacolla e Villamayor. Estou a 11 quilômetros do meu destino final e imagino que dê para vencer essa distância em pouco mais de duas horas. Continuar no mesmo ritmo para, se possível, chegar à catedral de Santiago de Compostela a tempo de participar da missa do peregrino, celebração oferecida duas vezes, ao meio-dia e às 19 horas, todos os dias do ano, e sempre bastante disputada. Aos domingos, formam-se filas pelo menos duas horas antes e muitos assistem à missa em pé.

À minha volta, um grande grupo de peregrinos segue em marcha. Somos todos caminhantes errantes nesta jornada. Observo atento o diálogo de pessoas que caminham próximas: um grupo mais jovem fala sobre a aventura à beira da fogueira vivida na noite anterior; outros contam vantagem por estar chegando a Santiago sem nenhuma bolha; há também os que caminham em silêncio, como se dissessem: "Sim, chegamos; e daí?".

Passa um pouco das 10 horas quando chego a San Marcos, um *pueblo* pequeno, 1 quilômetro antes do monte do Gozo, e avisto de longe o monumento dedicado a João Paulo II. A serração se dissipou no alto do morro e é possível ver daqui parte das cruzes e das torres da catedral em meio a uma nuvem baixa. Entro em uma pequena capela que fica ao lado da trilha, próxima ao monumento.

Estou a 4 quilômetros de Santiago e decido parar por alguns minutos para descansar. Com sorte, conseguirei chegar a tempo da missa. Encosto a mochila na parede de pedra da capela, ao lado do cajado e da bolsa marrom. O cansaço é inegável, mas estou contente por perceber que não tenho nenhuma dor localizada, nem mesmo no pé que estava machucado. Chego inteiro à casa do Santo, sentado defronte ao altar, estou com minha mente e meu coração tranquilos. Projeto em mente uma retrospectiva do que vivi e senti neste Caminho. Percebo que recebi uma grande bênção. Meus sentimentos são de gratidão, amor e compaixão.

Ainda impactado pela emoção das minhas lembranças, recomeço a caminhar. Afivelo delicadamente a mochila às costas, ponho o chapéu de palha de volta sobre a minha cabeça, transpasso a bolsa marrom ao tronco, seguro firme o cajado e sigo. Serpenteio ruas, passo por pontes de todos os tipos e tamanhos, cruzo praças e parques floridos, caminho à beira de vias asfaltadas de intenso movimento, contrastando com a calma dentro de mim. Percebo que não estou só, há muitos peregrinos à minha frente e atrás de mim, dezenas, talvez centenas ou milhares. A serração aumenta novamente, deixando coberta a cidade velha de Santiago de Compostela. Não consigo enxergar nem 1 metro à frente.

A AGLOMERAÇÃO
DOS PEREGRINOS
ME FAZ LEMBRAR
DA FRASE DO PEREGRINO
QUE ENCONTREI HÁ POUCO
NA MADRUGADA:
"ESTAMOS SEMPRE
CHEGANDO; POR ISSO,
NÃO IMPORTA QUANDO
VAMOS CHEGAR,
POIS JÁ CHEGAMOS".

Todo caminho é sagrado
@ofilosofoperegrino

Sigo outros peregrinos e as flechas amarelas. O cajado bate no chão de pedra, fazendo um som diferente daquele com que eu estava acostumado ao caminhar por estradas de chão. Perto das 11 horas, avisto uma pequena placa, "Santiago". A emoção toma conta de mim. Pela oitava vez, faço este lindo Caminho, tanto para dentro como para fora.

São 11h40 quando acesso a porta de entrada, a 400 metros da praça principal, que dá acesso à catedral de Santiago.

Do muro do albergue Semanário Menor, avisto a misteriosa coruja-das-torres. Neste momento, ouço uma voz conhecida.

"Peregrino, amigo do padre Mattia! Peregrino, amigo do padre Mattia!"

Inicialmente, não dou atenção. Não acho que seja comigo. Mas, logo depois, olho para trás e encontro a peregrina negra, alta e magra. Ao vê-la parada bem na esquina, perto do portal, aceno para ela, que me faz um sinal difícil de entender. Então ela grita:

"Agora é o momento de usar o presente, peregrino!"

Confesso que fico confuso. Gesticulo, abrindo os dois braços, como alguém que não está entendendo nada.

"Dentro da sua mochila! O pano preto!"

Tento chegar mais perto dela, mas, como um fantasma, ela desaparece na serração. Só então me dou conta de que falava do presente que havia me dado em Portomarín com a recomendação de usar quando estivesse chegando em Compostela.

Tiro a mochila das costas e retiro de dentro dela o pano preto que a enigmática peregrina havia me dado. Percebo que é de algodão e foi cuidadosamente passado a ferro. Ao abrir o tecido, descubro que é uma capa – uma capa preta. Sem hesitar, coloco a capa sobre as costas e dou um laço forte pela frente.

Afivelo novamente a mochila, sigo caminhando, agora com chapéu de palha, capa preta, bolsa marrom a tiracolo e cajado, ora na mão direita, ora na mão esquerda – como ensinou o Pablito. O cajado faz um som alto ao bater contra o piso de pedra.

Faltam dez minutos para meio-dia quando passo sob o arco que dá acesso à praça do Obradoiro, defronte à catedral. Um músico toca divinamente um fole escocês, dando boas-vindas aos recém-chegados. A praça está tomada de peregrinos, um número que jamais tinha visto nas minhas viagens anteriores. O Pórtico da Glória está aberto e só então entendo: estamos no Ano Santo, hoje é domingo, dia 25 de julho. Por isso havia tanta gente no Caminho.

Confesso que, se estivesse só com a mochila, estaria mais tranquilo, mas o cajado, a bolsa e a capa preta me atrapalham um pouco na jornada – nada que não possa enfrentar. Com um pouco de dificuldade, vou em direção à escada de acesso à porta principal da catedral para assistir à Missa do Peregrino que está prestes a começar.

Avisto, ao longe, vários peregrinos que encontrei ao longo do caminho. Alguns com quem conversei e outros com quem apenas troquei olhares. O Caminho de Santiago é assim, criamos afeto, um carinho especial por alguém com quem só trocamos um *"buen camino"*. É uma alegria especial encontrá-los por aqui, como se fôssemos todos irmãos em busca de algo em comum que, agora, encontramos. É um sentimento extraordinário de irmandade, de cumplicidade. Do alto da torre, mais uma vez, a coruja canta para nós.

A dificuldade de me locomover no meio daquela aglomeração é tamanha que já desconfio que não vou conseguir chegar para o início da missa. Vou lento, mas determinado.

Quando passo na frente de uma loja com portas de vidros espelhados, vejo refletida a imagem do velho. Lá está ele: cerca de um 1,80 metro, cabelos e barba grisalhos e longos, olhos castanhos e sóbrios, com uma capa preta, um chapéu de palha, levando um cajado na mão e uma bolsa marrom a tiracolo. Fico pasmo diante da imagem. Será um sonho? Pisco os olhos várias vezes, mas o velho continua lá, refletido na porta de vidro. Olho para os lados e para trás e só vejo peregrinos se espremendo querendo chegar na catedral. Não reconheço nenhum velho entre eles. É difícil entender e mais difícil ainda aceitar. A pessoa que procurei esses anos todos está ali.

Aproximo-me das portas de vidro, imaginando que o velho possa estar do lado de dentro, e percebo que ele faz os mesmos movimentos que eu. No mesmo instante, ouço uma voz conhecida gritar na minha direção: "Ei, peregrino!".

É o soldado Dan, que vem de braços abertos ao meu encontro. "Como você está?"

"Estou muito bem, querido", respondo de maneira afetiva e íntima; afinal, passamos alguns dias juntos nesta jornada.

"Sabia que vários peregrinos estão perguntando por você? Um, em especial. Há algumas semanas ele estava atrás de você. Queria encontrá-lo de qualquer jeito".

"Sério?"

"Sim, um brasileiro. Cheguei a pensar que era seu irmão gêmeo de tão parecido."

Aquela conversa me parecia tão comum, tão normal, se for comparar com tudo que já havia ocorrido comigo nesse oitavo Caminho. Vim em busca do velho e, curiosamente, agora há pessoas que buscam por mim.

"Já viu o que tem dentro desta bolsa marrom que traz junto ao corpo?"

Balanço a cabeça, negativamente.

"Eu também não", mostrando-me que tinha uma bolsa igual à minha.

Em razão do horário, corro em direção à porta da catedral, agora mais próxima. Quero participar da Missa do Peregrino, que já deve estar começando.

Do alto da escada, posso ver que a serração encobre completamente a praça na frente da catedral e se espalha sobre toda a cidade. A multidão

O CAMINHO DE SANTIAGO É ASSIM, CRIAMOS AFETO, UM CARINHO ESPECIAL POR ALGUÉM COM QUEM SÓ TROCAMOS UM *"BUEN CAMINO"*.

Todo caminho é sagrado
@ofilosofoperegrino

de peregrinos se aproxima da catedral, onde uma voz terna inicia a celebração com um canto gregoriano.

A neblina invade até o interior da igreja, sendo impossível ver o celebrante da missa. O evangelho é de Jesus Cristo, segundo Mateus, capítulo 25, versículos 35-40. "Porque tive fome, e destes-me de comer; tive sede, e destes-me de beber; era estrangeiro, e hospedastes-me. Estava nu, e vestistes-me; adoeci, e visitastes-me; estive na prisão, e foste me ver. Então os justos lhe responderão, dizendo: Senhor, quando te vimos com fome, e te demos de comer? Ou com sede, e te demos de beber? E quando te vimos estrangeiro, e te hospedamos? Ou nu, e te vestimos? E quando te vimos enfermo, ou na prisão, e fomos ver-te? E, respondendo o Rei, lhes dirá: Em verdade vos digo que quando o fizestes a um destes meus pequeninos irmãos, a mim o fizestes."

Ouvimos a celebração feita pelo sacerdote. Suas palavras doces e a profundidade daquele evangelho tocaram a mim e a muitos dos fiéis que participavam da missa. O silêncio tomou conta da catedral e a comunhão de choro ficou evidente. De repente, ouço um murmurinho ao meu lado: "É ele. Sim, é ele". Ao meu lado, vejo outras pessoas com a bolsa marrom e o cajado durante a celebração.

O sol começa a entrar pelos vitrais da catedral e dissipar a serração. Oito homens balançam o bota-fumeiro. A voz de ternura entoa outro canto gregoriano, enquanto o celebrante desce do altar e se dirige à multidão que está na praça. Para o meu completo espanto, toda aquela multidão tinha cajado e bolsa marrom. Todos juntos abriram a bolsa e, em um espelho, se viram, se reencontraram e se resgataram em sua longínqua jornada existencial, esquecida e camuflada pela normalidade de um roteiro que não era o seu. Muitos peregrinos naquele dia entenderam a passagem do evangelho e, em lágrimas, se abraçaram e comungaram.

E o velho?

Que velho?

Alguns juram que o velho era o próprio Santiago de Compostela. Outros afirmam nunca terem visto ninguém de bolsa marrom, cajado e chapéu de palha.

Quanto a mim, depois daquela experiência extraordinária, desinflamei os tópicos racionais que determinavam minha estrutura de pensamento. Hoje são apenas coadjuvantes das minhas sensações, intuições e emoções. Agora consigo ver com os olhos da fé, em detrimento da ditadura da razão, que outrora tomou conta da minha alma.

Depois da missa, meditando e orando no último banco da catedral, percebi que o encontro com o velho Santiago se dava aos poucos, conforme entrava em contato comigo mesmo. Santiago falava de diversas formas comigo, falou-me por meio do empresário Francisco, do ex-soldado Dan, do padre Mattia, das trilhas, árvores, rios, florestas e flores e, finalmente, por meio da coruja-das-torres. Percebi que o espírito de Santiago, o espírito do caminho, está em tudo, basta olhar com os olhos da fé, da esperança e do amor.

Percebi, existencialmente, que metas não servem para os assuntos não mecânicos. Vi que não podemos impor metas para encontrar Santiago, que não podemos estabelecer metas para transcender. Metas se aplicam muito bem para perseguir os sonhos materiais, são efetivas para conseguir coisas, funcionam bem nesse mundo mecânico. Não funcionam para os estados afetivos e muito menos para o mundo sutil. Meu encontro singular e transcendental com Santiago de Compostela me deixou leve, compreensivo e amoroso.

Continuo minhas caminhadas pelas trilhas deste mundo de Deus. Porém, por ora, aquietei-me, estou em paz, estou em casa à espera do chamado do caminho, do Caminho de Santiago de Compostela.

¡Buen camino!

Este livro foi impresso pela
Gráfica Edições Loyola em papel
pólen bold 70g em maio de 2021.